Imaginar, realizar e transformar:
a psicologia da arte mobilizando potência de ação na escola

Vera Lucia Trevisan de Souza | Lilian Aparecida Cruz Dugnani
Juliana Soares de Jesus | Fernanda Pereira Medeiros
|Organizadoras|

Imaginar, realizar e transformar:
a psicologia da arte mobilizando potência de ação na escola

Edições Loyola

Dados Internacionais de Catalogação na Publicação (CIP)
(Câmara Brasileira do Livro, SP, Brasil)

Imaginar, realizar e transformar : a psicologia da arte mobilizando potência de ação na escola / organização Vera Lucia Trevisan de Souza...[et al.]. -- São Paulo, SP : Edições Loyola, 2022. -- (Magistério : Form/Ação)
Vários autores.
Outros organizadores: Lilian Aparecida Cruz Dugnani, Juliana Soares de Jesus, Fernanda Pereira Medeiros.
Bibliografia.
ISBN 978-65-5504-171-2

1. Psicologia escolar 2. Práticas educacionais 3. Psicologia da arte 4. Psicologia do desenvolvimento 5. Vigotski, Lev Semenovich, 1896-1934 I. Souza, Vera Lucia Trevisan de. II. Dugnani, Lilian Aparecida Cruz. III. Jesus, Juliana Soares de. IV. Medeiros, Fernanda Pereira. V. Série.

22-110573   CDD-370.15

Índices para catálogo sistemático:
1. Psicologia escolar : Educação   370.15
Eliete Marques da Silva - Bibliotecária - CRB-8/9380

Capa e diagramação: Viviane Bueno Jeronimo
Ilustração © BillionPhotos.com | Adobe Stock

A revisão do texto desta obra é de
total responsabilidade de seu autor.

Edições Loyola Jesuítas
Rua 1822 n° 341 – Ipiranga
04216-000 São Paulo, SP
T 55 11 3385 8500/8501, 2063 4275
editorial@loyola.com.br
vendas@loyola.com.br
www.loyola.com.br

Todos os direitos reservados. Nenhuma parte desta obra pode ser reproduzida ou transmitida por qualquer forma e/ou quaisquer meios (eletrônico ou mecânico, incluindo fotocópia e gravação) ou arquivada em qualquer sistema ou banco de dados sem permissão escrita da Editora.

ISBN 978-65-5504-171-2

© EDIÇÕES LOYOLA, São Paulo, Brasil, 2022

Sumário

Apresentação 7

CAPÍTULO 1
Contribuições da Psicologia ao desenvolvimento
de adolescentes: a arte promovendo
potência de ação 13
Vera Lucia Trevisan de Souza

CAPÍTULO 2
A necessária inserção da(o) Psicóloga(o)
na escola: para que e para quem? 29
Lilian Aparecida Cruz Dugnani
Fernanda Pereira de Medeiros
Paula Costa de Andrada

CAPÍTULO 3
Dimensões da formação profissional na
perspectiva educacional inclusiva/especial 47
Claudia Gomes
Ana Paula Petroni

CAPÍTULO 4
Práticas psicológicas no Ensino Médio
público: refletindo sobre trabalho e
futuro com adolescentes 73
Guilherme Siqueira Arinelli
Vera Lucia Trevisan de Souza

CAPÍTULO 5
Intervenções mediadas pela arte: em foco
a emoção e a imaginação na adolescência 93
Juliana Soares de Jesus
Maura Assad Pimenta Neves
Eveline Tonelotto Barbosa Pott

CAPÍTULO 6
A relação entre psicólogos escolares e professores:
a parceria como promotora da consciência 109
Vânia Rodrigues Lima Ramos
Beatriz Cristina de Oliveira

Apresentação

"Como construir coisas que não existem?"[1] Esta é uma questão que perpassa os trabalhos apresentados neste livro, cujo principal objetivo é fomentar, teórica e metodologicamente, ações do Psicólogo Escolar desenvolvidas em colaboração com professores e gestores de escolas públicas, visando à transformação da educação que se processa em seu interior. Outra pergunta análoga a esta que abre a apresentação, feita no momento em que se faz a revisão desta obra para publicação, é: como lidar com situações nunca antes vividas?

Em março de 2020, fomos surpreendidos com o reconhecimento pela OMS da pandemia do Coronavírus, agente que provocava grave adoecimento em pessoas ao redor de todo o mundo e já havia se instalado no Brasil. Como medida visando impedir a propagação do vírus, o fechamento das escolas se instituiu como fundamental, e novas formas de ensinar e aprender passaram a ser perseguidas por educadores e estudantes de todos os níveis e modalidades de ensino, no âmbito

---

1   "Como construir coisas que não existem?" foi uma questão disparadora utilizada pela curadoria da 31º Bienal de Artes de São Paulo em 2014. Essa, dentre outras, foi inspiração para diferentes intervenções realizadas pelo grupo.

privado e público. E não foram poucas as dificuldades para se criarem modos de relação que favorecessem algum nível de aprendizagem, resultando em muitas crianças e jovens impedidos de participar efetivamente do ensino remoto, sobretudo por falta de equipamentos de tecnologia e de espaços para acompanhar as aulas ou realizar as atividades. Fazer essas observações no momento em que se apresenta este livro é reconhecer o impacto dos quase dois anos de escolas fechadas no desenvolvimento e aprendizagem de crianças e jovens deste país, que já antes da pandemia apresentava profundos problemas na escolarização e formação de alunos da Educação Básica. É também alertar que os problemas apresentados nos capítulos aqui dispostos, em relação a todas as temáticas abordadas, se aprofundaram e se agravaram, demandando de maneira ainda mais urgente ações profissionais de psicólogos e educadores, além de políticas públicas que possam mitigar as perdas que ocorreram e que podem afetar o desenvolvimento das crianças e jovens que estão nos bancos escolares. Sobretudo para os manter na escola, estudando e avançando no processo de apropriação de conhecimentos tão necessário ao seu desenvolvimento e acesso aos bens culturais. A vivência da crise sanitária e do fechamento das escolas reforçam o importante papel que a educação escolar tem na formação das futuras gerações.

    É fato que não sabíamos lidar com a pandemia, que talvez ainda não saibamos e que muitas perdas ocorreram. Mas é fato também que a ciência, ainda que no Brasil em condições pouco favoráveis em termos de investimento, triunfou ao produzir vacinas que estancaram o grande número de mortes e permitiram que voltássemos à convivência nas escolas, ainda que com os devidos cuidados, visto que a pandemia não acabou. Ciência construída por meio de conhecimentos apropriados nas instituições educativas nos diversos níveis de formação do sujeito.

    Hoje ainda permanece a pergunta – como lidar com uma situação nunca vivida antes? E responder a ela é o desafio de profissionais comprometidos com as questões sociais, seu enfrentamento e transformação. As ideias expostas nos textos a seguir, narradas em conceitos e práticas desenvolvidas na escola e voltadas ao desenvolvimento, visam contribuir para esse enfrentamento. Este é um dos objetivos deste livro que intenta, também, inspirar práticas pedagógicas inovadoras e ousadas, que invistam na imaginação dos alunos mobilizada pela apreciação e produção de expressões artísticas como forma de se apropriarem de novos conhecimentos e de novas formas de agir no mundo.

Assumindo como ação a pesquisa-intervenção comprometida com as demandas da educação e da escola pública, o PROSPED acredita no potencial transformador da escola, capaz de promover o desenvolvimento de sujeitos ativos, engajados com as questões sóciopolíticas que afetam suas vidas e a sociedade. Sujeito entendido como coautor de todos os processos em que se engaja, nos quais atua permanentemente.

Este livro comemora os dez anos de trabalho do grupo e é resultado de um esforço coletivo de mestrandos, doutorandos, pós-doutorandos e docentes que, desde o seu início, assumiram como compromisso ético-político atuar em instituições escolares públicas visando contribuir para a promoção do desenvolvimento humano, acreditando que pela reflexão é possível ampliar consciência e favorecer o avanço de práticas educativas e sociais que, uma vez assumidas como intencionais, põem em evidência a ética necessária à sua consecução.

Essas acepções se assentam na perspectiva teórico-metodológica da Psicologia Histórico-Cultural, sobretudo nos conceitos de Vygotsky, autor que tem nos inspirado nas nossas pesquisas, reflexões e ações formativas, visto seu caráter transformador derivado de sua aposta no sujeito, como autor e ator de sua história. História que temos construído no grupo, envolvendo estudantes de iniciação científica, mestrado, doutorado e pós-doutorado, docentes e alunos adolescentes de escolas públicas, gestores, dentre outros sujeitos. Sujeitos que respeitamos em seu movimento revolucionário de constituição, capazes de ultrapassar limites e fazer a diferença no e com o social que é fonte em seu desenvolvimento.

"Contribuições da Psicologia ao desenvolvimento de adolescentes: a arte promovendo potência de ação" de Vera Lucia Trevisan de Souza é, não por acaso, o capítulo que abre este livro. Nele, a autora apresenta os pressupostos teórico-metodológicos que têm sustentado as pesquisas-intervenções do grupo PROSPED, com centralidade nos conceitos de imaginação, desenvolvimento e adolescência. Ressalta ainda a relação dialética que caracteriza as relações em que se empreendem os sujeitos, com destaque à educação escolar e seu papel no desenvolvimento do psiquismo humano, assumindo a defesa da educação como um direito que deve ser garantido a todas as crianças e adolescentes.

No capítulo 2, intitulado "A necessária inserção da(o) Psicóloga(o) na escola: para que e para quem?", Dugnani, Medeiros e Andrada destacam a importância de ações de acompanhamento da aprendizagem feito por equipes multidisciplinares que contam com psicólogos escolares como forma de se garantir às camadas mais pobres da população o acesso a atendimento especializado. Ressaltam ainda que o modo como o trabalho é desenvolvido rompe com práticas psicológicas individualizantes, medicalizantes e patologizantes, reafirmando a necessidade de ações que se voltem ao coletivo, com o intuito de se construir relações na escola que favoreçam o desenvolvimento, o ensino e a aprendizagem.

No capítulo 3, Gomes e Petroni apresentam o texto "Dimensões da formação profissional na perspectiva educacional inclusiva/especial", destacando de forma crítica e dialógica as contribuições da Psicologia Escolar/Educacional à formação de psicólogos e professores que atuam com alunos caracterizados como público alvo da Educação Especial/ Inclusiva, abarcando três aspectos: 1) a dimensão das políticas existentes e de como elas estão presentes na formação; 2) os postulados teóricos da Psicologia Histórico-Cultural e 3) formação como promoção de desenvolvimento. As autoras defendem a necessidade de uma formação que propicie, tanto aos psicólogos quanto aos educadores, a apropriação crítica das leis nacionais e internacionais que balizam a Educação Especial e a Educação inclusiva.

Arinelli e Souza, no capítulo 4, apresentam os resultados de um estudo que se propôs a investigar o potencial das ações do psicólogo escolar no favorecimento da construção de espaços reflexivos sobre o mundo do trabalho e o futuro em que o uso de expressões artísticas foi capaz de produzir reflexões críticas sobre o meio em que estavam inseridos e favoreceu a criação de novas possibilidades de escolha e produção de novos horizontes.

No capítulo 5, Jesus, Neves e Pott, se propõem a discutir o enlace entre a imaginação e a emoção na promoção de novas significações por adolescentes. As autoras apresentam o recorte de uma pesquisa de doutorado com estudantes dos 7º anos, em uma escola da rede pública estadual de São Paulo, destacando que as intervenções que têm a arte como mediação promovem a ressignificação das emoções que decorrem das e nas relações escolares e seus movimentos de transformação, à medida em que se abrem espaços para a realização de trabalhos que tenham em seu cerne o acolhimento e o investimento no desenvolvimento da dimensão afetiva destes jovens.

O último capítulo, 6, intitulado: "A relação entre psicólogos escolares e professores: a parceria como promotora da consciência", apresentado por Ramos e Oliveira, discute o processo de construção de uma parceria entre os psicólogos e os professores mediado por encontros reflexivos. As autoras defendem a importância da Psicologia Escolar na promoção de espaços reflexivos favorecedores da elaboração de emoções que afetam os professores no trabalho.

Espera-se que o conjunto de ideias, relatos de pesquisas e conceitos apresentados neste livro contribuam para a compreensão do desenvolvimento humano, da efetividade e importância da escola em sua promoção e nas possibilidades de transformação dos contextos escolares, tão fundamentais enquanto fomentadores do futuro de crianças e adolescentes.

AS ORGANIZADORAS

CAPÍTULO 1

Contribuições da Psicologia ao desenvolvimento de adolescentes: a arte promovendo potência de ação

Vera Lucia Trevisan de Souza

"Quando o mundo se torna incompreensível, quando atos de terror e respostas aterrorizantes para o terror enchem nossos dias e nossas noites, quando nos sentimos desorientados e desconcertados, procuramos um lugar no qual a compreensão (ou a fé na compreensão) tenha sido expressa em palavras."
(MANGUEL, 2009, p. 59)

Vivemos tempos difíceis! Atualmente, todas as pessoas, em qualquer situação ou profissão, sofrem de algum modo os reflexos de ações, valores e crenças que invadem nossas vidas, produzindo, no mínimo, estranheza. E permanecer vivo, ainda que somente persistindo na existência (ESPINOSA, 2008), exige a construção de novas significações em relação ao que tem caracterizado as vidas humanas na sociedade contemporânea.

Entretanto, quando se trata de profissão que abraça a compreensão do desenvolvimento visando a refletir sobre modos de promovê-lo de uma perspectiva crítica, que o concebe como permanente, com direções e possibilidades infinitas, parece que a complexidade das situações materiais que caracterizam nossa existência na atualidade se expande.

Como a epígrafe anuncia, nosso grande desafio neste lugar da pesquisa e da formação em Psicologia é construir compreensões que possam gerar novas significações para os atos humanos que nos fazem questionar a própria expressão "humano". E fazê-lo com foco nos jovens, justamente aqueles que deverão formar as novas gerações, exige muito compromisso e responsabilidade.

A esse respeito, cabe neste momento introdutório de escritura, a citação da fala de um adolescente de 16 anos, estudante do Ensino

Médio noturno de uma escola pública de periferia de uma grande cidade, ao comentar as fotografias dos projetos Êxodos e África, de Sebastião Salgado:

> Quando eu vejo essas imagens, acredito que quando qualquer pessoa vê, sente uma tristeza, um aperto no coração, uma angústia que nos toma conta. Essas pessoas que sofrem dessas situações muitas vezes não são ajudadas e isso lhes causa um grande sofrimento, ou seja, um sinal de **desaprovação da própria humanidade!** Nós temos que pensar – e se fosse eu? – E se fosse com a minha família?
> – Essas pessoas passam sua vida inteira nesses lugares desagradáveis, lugares em que é praticamente impossível ter uma vida saudável (Anônimo, 16 anos).

A "desaprovação da própria humanidade", termo cunhado por Anônimo – como assina o adolescente –, é um exemplo de ressignificação de situações que expressam o horror de que fala Manguel (2009), na epígrafe. Significação promovida na dialogicidade empreendida tendo como mediação a apreciação de obras de arte. Manguel (2009) está falando de uma outra forma de arte, a literatura, mas nós entendemos poder extrapolar essa ideia para todas as suas formas, ao menos é isso que temos observado em nosso trabalho com adolescentes.

Ao defender o efeito da literatura em nossas vidas, o autor diz: "[...] nos momentos de escuridão, voltamos aos livros: a fim de encontrar palavras e metáforas para o que já sabemos" (2009, pp. 59/60). Nós diríamos: a fim de construir novas significações e iluminar a compreensão do vivido, saindo, portanto, da escuridão, ainda que temporariamente.

Esta é a acepção que temos tomado como central na proposição da arte como instrumento psicológico que promove a vivência de emoções que estão na base da reflexão e desenvolvimento de novas relações entre as funções psicológicas superiores. A esse respeito já escrevemos em outros textos, inspiradas em Vygotsky (1925/1999), sobre a potencialidade da arte em fazer viver nossas emoções e configurá-las em novas compreensões. Nas palavras do autor:

> [...] a verdadeira natureza da arte sempre implica algo que transforma, que supera o sentimento comum, e aquele

mesmo medo, aquela mesma dor, aquela mesma inquietação, quando suscitadas pela arte, implicam algo a mais, acima daquilo que nelas está contido [...] (VYGOTSKY, 1925/1999, p. 307).

Se a apreciação de imagens que suscitam condições subumanas de vida promovem a imaginação enlaçada a emoções como tristeza e angústia, resultando em certa paralisação do sujeito que fica imobilizado e impotente diante de tantas indignidades, a apreciação e diálogo de produções de natureza surrealista, que produzem estranheza no espectador, pela natureza mesma da obra no que concerne aos seus elementos e suas disposições na tela, parecem agilizar a imaginação visto que o que se vê são combinações que desafiam a realidade ou possibilidades reais. Assim, diante de uma reprodução de pintura do artista Sergio Ricciuto Conte, em que se vê a imagem de um livro aberto pairando no ar, do qual caem gotas que remontam à água que cairiam no mar, um grupo de adolescentes, que também apreciaram as fotografias dos projetos Êxodos e África de que fala Anônimo, dizem:

"Um livro."
"Tá saindo água do livro."
"Não, tá saindo a história!"
"Tá se desmanchando."
"Pra mim é água."
"Para mim parece água."
"O livro tá falando de uma história real e a história do livro tá indo pra realidade."
"Ó!!!" (E dão risada.)
"Como?"
"Imaginação, cara!"

Como se observa, a imaginação, mobilizada pela pintura surrealista e os comentários dos colegas, possibilitam a ampliação da reflexão que se adensa a cada nova significação expressa pelos sujeitos. E fica evidente que nenhum dos participantes sai dessa experiência do mesmo modo que antes de vivenciá-la, mas enriquecido com novas significações.

Com base em nossas constatações nas pesquisas-intervenções que vimos realizando há mais de uma década nas escolas, a maioria tendo como participantes adolescentes que frequentam os anos finais do Ensino Fundamental e do Ensino Médio, temos defendido a educação, sobretudo a escolar, como privilegiada na promoção do desenvolvimento e colocado a imaginação como função fundamental para a ascensão do sujeito a formas de pensamento e ação mais elaboradas. Este é o foco deste capítulo, que integra o segundo livro do grupo de pesquisa que coordeno, e visa apresentar fundamentos que sustentam ações desenvolvidas na escola, envolvendo seus profissionais e estudantes, em um movimento em que se deixa clara a intencionalidade das ações, que não devem se confundir com as dos educadores, mas se somarem às deles no favorecimento do desenvolvimento dos alunos.

O texto que ora se inscreve organiza-se em quatro eixos. O primeiro aborda a dimensão do conhecimento formal, do tipo ensinado nas escolas, na constituição do psiquismo humano; o segundo põe em relevo a imaginação nesse processo, tomando-a como central no desenvolvimento da adolescência; o terceiro aborda a intersubjetividade e o desenvolvimento do sujeito, ainda com base na imaginação e o quarto, e último, a potência da arte para promover a imaginação e novos modos de ser e pensar dos sujeitos.

O conhecimento escolarizado e sua relação com o psiquismo humano

Acreditamos que o conhecimento formal, do tipo daquele oferecido na escola, uma vez apropriado, mobiliza novas relações entre as funções psicológicas justamente por possibilitar que o sujeito pense de modo diferente do que pensava, compreenda mais ampliada e profundamente a realidade e a si próprio. Não é o conhecimento em si que favorece este tipo de funcionamento mental, mas as relações que ele impõe ao sujeito que constitui um novo patamar de desenvolvimento psicológico. Desta acepção, sem a apropriação do conhecimento escolarizado, o desenvolvimento do sujeito fica limitado, ou seja, a não aquisição de conhecimentos formais alija o sujeito de suas possibilidades de aceder a modos de funcionamento mental mais elevados, que possibilitam a aquisição de conhecimentos ainda mais complexos e a compreensão crítica do mundo (SOUZA & ANDRADA, 2013; SOUZA et al., 2014; SOUZA, 2016a; SOUZA, 2016b).

Deriva desta compreensão a defesa da educação escolarizada como promotora do desenvolvimento de crianças e adolescentes, e, neste processo, a imaginação, como função psicológica superior, assume centralidade na apropriação de conhecimentos complexos e ampliação da significação por meio das interações que se empreendem na escola.

Ao longo do desenvolvimento, que ocorre nas interações que o sujeito estabelece nos diferentes espaços de convívio, seu contato com formas de cultura vai ampliando suas significações, entendidas como as formas de pensar, compreender e agir em relação a sua realidade interna e externa. Ou seja, o meio físico e social, desta perspectiva, é fonte do desenvolvimento do ser humano.

Ocorre que, de todos os meios de que toma parte o sujeito, a escola é aquele que reúne condições privilegiadas à promoção do desenvolvimento por várias razões: o modo como organiza os alunos põe em relação pessoas singulares, com valores, crenças, conhecimento, saberes, desejos e emoções diversos; suas atividades são organizadas com encadeamento e articulação para favorecer a apropriação das normas, valores e conhecimentos; há adultos responsáveis por mediar as relações entre as crianças e jovens, deles com os conhecimentos, com a autoridade escolar e com o espaço físico; as crianças e jovens estão protegidos, encontram-se em uma instituição a quem o Estado confere o poder de cuidá-los e formá-los, cuja guarda os pais lhes transferem enquanto os alunos permanecem em seu interior.

Essas características do espaço escolar deixam clara a importância da escola no que lhe é privativo: conservar e transformar crianças e jovens, no que concerne aos valores humanos, às características individuais de cada um, sobretudo em relação aos desejos e emoções; promover a apropriação de conhecimentos e saberes que mobilizam novas possibilidades de funcionamento psicológico dos sujeitos. É justamente por ter essas duas finalidades que a educação escolar deve ser concebida como um processo em que todos se apropriam dos bens da cultura, que se organizam como conhecimentos – de normas, valores, conceitos, princípios, técnicas e procedimentos –, mas o fazem sendo singulares, de modo que seus desejos, recursos e possibilidades atuam como mediadores de seu processo educativo.

Em assim sendo, cada sujeito tem uma trajetória escolar própria, que se amolda às suas próprias condições e características, chegando ao final da educação básica em diferentes lugares, entrevendo possibilidades diversas e múltiplas no futuro. Essa concepção do que deve ser a educação escolar, o ensino e a aprendizagem é necessária para que a escola assuma seu lugar de promotora da aprendizagem e do desenvolvimento, e fomentadora de diferentes trajetórias de vida atual e futura dos alunos que atende.

Nesta perspectiva, a escola abre portas diversas, para trajetórias que conduzem a diferentes locais de chegada, e percorrer esses caminhos implica lançar mão da imaginação como função psicológica que permite ao sujeito descolar-se da realidade acessada e pensar lugares não conhecidos, não experimentados.

A imaginação, as funções psicológicas superiores e o desenvolvimento

> "Imaginar é dissolver barreiras, é ignorar fronteiras, subverter a visão de mundo que nos foi imposta."
> (MANGUEL, 2008)

São vários os autores da Psicologia Histórico-Cultural ou abordagens afins que têm defendido a importância da imaginação na constituição do psiquismo humano. Para muitos deles, as bases para suas postulações vão além de Vygotsky, chegando à filosofia, com autores de séculos passados. É o caso de Espinosa (2008), para quem a imagem equivale ao primeiro nível de conhecimento ou experiência do mundo, visto que nossa forma de acessar os objetos do mundo não é direta, mas passa pela simbolização.

Outra contribuição no campo da filosofia que nos permite compreender a imaginação de uma perspectiva histórico-cultural é a acepção de Lapoujade (1988), para quem:

> A imaginação não se rege pelos princípios aristotélicos, tampouco os deve burlar, mas a riqueza de seus processos permite ora acolhê-los, ora rechaçá-los ou ainda ignorá-los. A imaginação pode chegar a tolerar a existência de contrários, no nível das imagens ou metáforas (animais que falam, objetos animados etc.). Também pode traçar analogias, criar substituições e simulacros (trabalho do inconsciente).

É, pois, indiferente à lógica e à razão. Pela possibilidade de fazer simulações, acentuam-se os contrastes, o surpreendente, o desconcertante, às vezes pela via de ostentar contradições (tradução livre, p. 175).

A importância que a imaginação teria para o homem faz com que a autora sugira que ele seja denominado como *Homo imaginans*, ou o homem imaginante, que não pode ser concebido senão como ser que imagina. Desta perspectiva, a humanidade só é acessível ao homem pela via da imaginação.

Já Vygotsky (1930/2009), autor que sustenta nossas pesquisas e ações voltadas à promoção do desenvolvimento, destaca que a imaginação parte das experiências do sujeito, mas a extrapola ao possibilitar-lhe pensar e agir tendo como base situações que não viveu ou experimentou. É esse processo que diferencia a imaginação na criança e no adolescente; enquanto a imaginação na infância se processa ligada aos objetos concretos, na adolescência ela se vale da linguagem e símbolos já apropriados pelo sujeito. Assim, enquanto a criança se mantém presa à realidade empírica que é fonte de suas significações, o adolescente é capaz de se afastar de sua realidade lançando mão da imaginação (VYGOTSKY, 1931/1996).

Desta perspectiva, a imaginação, por possibilitar ao sujeito desprender-se das práticas do cotidiano, o liberta para alcançar outros mundos, livrando-o momentaneamente do pragmatismo que caracteriza a vida vivida (VYGOTSKY, 1931/1996).

A imaginação é fundamental no desenvolvimento do pensamento por conceito, imbricando-se nesse processo de modo permanente. Assim, a imaginação é condição ao pensamento por conceito, responsável pela operação de funções mais complexas e, de outro lado, o pensamento complexo favorece o processo de imaginação, em um movimento dialético característico do sistema psicológico.

Outra função que comparece entrelaçada com a imaginação e é de importância crucial na adolescência é a emoção, que, segundo Vygotsky (1930/2009), teria dupla função: estimular a imaginação e tomá-la como meio para ser vivida, e justamente esta característica do funcionamento da imaginação é que estaria na base das nuances da vida emocional do adolescente, ajudando na elaboração de seus desejos, emoções e motivos. E o adolescente, a partir das novas relações entre as funções, transfere os diálogos que antes mantinha com outros nas interações para si mesmo, em grande parte, vivendo um monólogo com sensações que ainda desconhece e que serão exploradas pela via da imaginação (VYGOTSKY, 1931/1996).

Logo, as ideias de que os adolescentes se isolam na família, que só procuram iguais, que se opõem a tudo que se lhes apresenta como ideia, sugestão ou orientação, são falácias, pois esses comportamentos apenas retratam um momento de mudança no modo de ser e pensar do jovem que, diante de um mundo externo que lhe demanda cada vez mais e vivendo um mundo interno cheio de transformações, busca equilibrar-se na constituição de um sujeito capaz de responder às novas condições que o desenvolvimento lhe impõe. Nesse processo, a imaginação, enlaçada à emoção, assume prevalência no modo de ser e agir do adolescente.

Há que se considerar que a possibilidade de generalizar ações e compreensões sobre a realidade, conquistada com o desenvolvimento do pensamento por conceito, confere qualidade bastante ampliada ao psiquismo do adolescente que, ainda que necessite da referência de elementos concretos para suas construções mais abstratas, agora pode abrir mão de objetos e situações reais, podendo se utilizar do universo simbólico como matéria prima de seu funcionamento psicológico (VYGOTSKY, 1931/1996).

Corroborando as compreensões aqui apresentadas, Tateo (2016, pp. 149-150) defende a imaginação como uma das mais importantes funções psicológicas superiores, com base na capacidade humana de criar conceitos abstratos e "tratá-los como coisas reais e de criar coisas reais e tratá-las como conceitos abstratos".

Angel Pino (2006, p. 53) ratifica esta ideia ao afirmar que "A imaginação cumpre um papel de libertar o homem da sua condição de vida, das leis da natureza na medida que possibilita a reconstrução da realidade e o domínio da sua própria evolução". Ou seja, o ato de imaginar é condição para a liberdade do homem.

Todas essas considerações sobre a imaginação e seu papel na adolescência têm por objetivo chamar a atenção para a centralidade que esta função psicológica assume nos processos de desenvolvimento do sujeito e convocar a escola a investir em ações que favoreçam os processos imaginativos, como forma de promover novas significações, interferindo na produção de relações intersubjetivas entre alunos e demais atores escolares, além de favorecer o desenvolvimento do pensamento por conceito, função essencial para a apropriação de conhecimentos complexos e modos abstratos de funcionamento psicológico.

A intersubjetividade como relação constitutiva do sujeito: o papel da escola

Conforme assinalamos no primeiro tópico aqui apresentado, ao discorrer sobre a função privativa da escola, um de seus papeis mais importantes é o de possibilitar às crianças e jovens a convivência com pessoas singulares com valores, crenças, conhecimento, saberes, desejos e emoções diversos. Essa afirmação releva o papel que o meio social assume no desenvolvimento, colocando-o como fonte da constituição do psiquismo humano. Importa, neste momento, explicitar o que isso quer dizer e como ocorre essa constituição.

O desenvolvimento é um processo permanente e contínuo a que está submetido o ser humano ao longo de toda sua existência. Entretanto, essa aparente condição de submissão não implica passividade do sujeito, ao contrário, constitui-se como movimento dinâmico em que atuam o meio social e o sujeito na produção de significações que vão sendo apropriadas na constituição do desenvolvimento psicológico.

Ocorre que essa apropriação se dá via negociação entre o sujeito e o que se apresenta no meio social como sugestão ou possibilidade de postura, pensamento, sensação, sentimento. Nessa negociação concorrem ambivalências, resistências e reversões, assim como identificações e adesões, seletivamente apropriadas em um movimento que resulta em significações singulares que são convertidas pelo sujeito em modos próprios de funcionamento psicológico. É nesse sentido que Vygotsky (1931/1996), em sua lei geral do desenvolvimento psicológico, afirma que tudo que está no sujeito esteve antes no social, como conteúdo das relações que ele manteve e mantém com os outros. E o que ele internaliza não são as relações em si, mas as relações para si, ou seja, os significados e sentidos que o vivido tem para o sujeito. Esta é a definição de intersubjetividade: as significações atribuídas pelo sujeito nas relações que empreende com os outros e que se tornam suas próprias significações.

Daí a importância de a escola investir na compreensão dos significados e sentidos que os alunos atribuem às situações que vivenciam, seja nas relações que estabelecem entre si ou com os professores, seja com respeito aos conhecimentos que acessam. Depende dessa compreensão a efetividade do processo educativo no que concerne à aprendizagem e ao desenvolvimento do sujeito, ou seja, será a partir da compreensão de como os alunos estão significando os conhecimentos ensinados que o professor poderá avançar no ensino de conceitos mais complexos e abstratos. O problema é que não se observa, nas práticas escolarizadas, movimentos nesta direção.

Do mesmo modo, no que concerne aos valores, normas e crenças que se apresentam nos contextos coletivos, por vezes a maior fonte de conflitos nas escolas, a questão não é o que eles significam para os educadores somente e o valor que estes atribuem às formas de conduta dos alunos em relação a eles, mas compreender as significações que têm para os alunos e as negociações possíveis, visto que haverá sempre resistência, ambivalência e reversões nesse processo. Assim, não será um "sermão" do professor reprendendo comportamentos indesejáveis que resolverá os conflitos que ocorrem nas relações, como é comum se ver nas ações no interior das salas de aula. Mais efetivo será um trabalho educativo permanente, que acolhe a diversidade de desejos, de crenças e valores não como aceitação, mas como conteúdos e compreensões a serem discutidos e explicitados, de modo a ampliar as possibilidades de significações que concorrem nas relações.

Trata-se, portanto, no que concerne ao conhecimento ou a normas e valores, de promover espaços intersubjetivos enquanto compartilhamento de pontos de vista, o que não implica concordância, mas compreensão dos significados e sentidos que dado conteúdo da interação tem para cada um. Da perspectiva teórico-epistemológica aqui adotada, somente neste sentido será possível educar para a diversidade, exercitando o respeito às singularidades, e abrindo as possibilidades de ser e viver a vida atual e futura de modo diverso por cada um daqueles que frequentam a escola.

Isso porque a constituição do sujeito não é um processo linear, tampouco pode ser concebida como de via única – de dentro para fora ou de fora para dentro –, como preconizam ainda muitas das visões de desenvolvimento e aprendizagem que se perpetuam nos currículos ou práticas educativas, conforme já apontado em trabalhos anteriores (SOUZA et al., 2014; SOUZA, 2016a; SOUZA, 2016b). Mudar essa compreensão é fundamental, pois coloca o foco das ações educativas nas relações entre o social e o sujeito, observando o que comparece como possibilidade de significação que será negociada em seu processo de constituição.

Em nossos trabalhos, sustentados por essas compreensões sobre o desenvolvimento humano, temos focalizado nossas ações na promoção dos processos imaginativos dos adolescentes, por entender sua potência para envolvê-los em reflexões que mobilizam suas ações e pensamentos para além da vida cotidiana, do vivido no dia a dia. É a esse respeito que versa o último tópico deste capítulo.

A potência da arte na promoção da imaginação

Na parte introdutória deste capítulo já destacamos nossa defesa da arte como mobilizadora de processos imaginativos justamente por constituir-se como síntese do humano, que tem como central as emoções (VYGOTSKY, 1925/1999).

No entanto, conforme já afirmamos em outras produções, nosso interesse não é na Arte enquanto linguagem, história, ou área de conhecimento, mas no efeito que ela exerce no sujeito, via apreciação ou produção, mediado por sua dimensão estética que a caracteriza como tendo no centro o sensível, capaz de tocar as emoções e favorecer sua expressão.

Com essa compreensão tomamos a arte como instrumento psicológico, visto o caráter que assume na promoção da vivência de emoções que, por sua vez, mobilizam a reflexão e favorecem novas relações entre as funções psicológicas superiores. Nesse sentido, a apreciação de expressões artísticas ou o fazer envolvendo atividades dessa natureza são potentes na promoção do desenvolvimento do sujeito. Por quê?

Conforme já defendemos em outras produções, inspiradas no livro Psicologia da Arte de Vygotsky (1925/1999), a arte é potente para nos fazer viver nossas emoções e configurá-las, atribuindo-lhes novas significações, em um processo de negociação que se estabelece nos moldes descritos no item precedente, ou seja, em que concorrem emoções e sentimentos ambivalentes que favorecem resistências e/ou identificações, que resultam em significações *sui generis* constituintes do psiquismo do sujeito. Essa negociação característica do processo de desenvolvimento se intensifica quando mediada por expressões artísticas, em sua apreciação e fazer, justamente por agilizar a imaginação. Por que isso ocorre?

A arte é expressão e produção da cultura, logo, é síntese do sentimento de determinada época e do contexto em que se desenvolve. Como expressão da cultura, pode ser acessada e lida por todos, com suas próprias experiências. Acesso mediado pela imaginação do sujeito, que mobiliza as demais funções psicológicas, como a linguagem e a memória, por exemplo. Então, a arte é, a um só tempo, meio de expressão e promoção da imaginação e da emoção, visto que a dimensão humana presente nas expressões artísticas afeta o sujeito, criando potência de ação.

Os elementos constitutivos da arte são de natureza simbólica, pois o que vemos na pintura ou escultura, ouvimos na música, assistimos nos filmes ou nas peças teatrais não são os objetos reais, ou as situações, relações cotidianas, mas suas representações, ou seja, suas simbolizações. Simbolização entendida como capacidade humana de colocar um símbolo no lugar do objeto real. Então, as expressões artísticas são feitas de símbolos, visto que os elementos utilizados pelo artista, ainda que inicialmente sejam signos já significados por ele e expressos na obra de modo a atingir seu objetivo com o expectador. E, neste processo, também o artista lança mão da imaginação.

A imaginação, assim, assume o papel de função psicológica superior central na relação do sujeito com os outros de seu entorno, com o conhecimento, com a realidade mais ampliada e consigo próprio. Isso porque imaginar é atividade de substituição/simbolização. A arte, em sua produção e fruição, se constitui como atividade de natureza imaginativa. Logo, a arte pode ser pensada como materialidade mediadora do sentir, pensar, agir e ser humano.

Neste sentido, a escolha da materialidade a ser utilizada nos contextos interventivos passa pela seletividade do psicólogo/pesquisador que pretende empreender um processo de negociação de significados e sentidos de modo a ampliar a compreensão sobre o tema que pretende pôr em relevo. E, no centro dessa escolha, deve estar a capacidade da expressão artística para confundir, paralisar, dificultar a percepção da realidade, produzindo o estranhamento dos sujeitos que interagem com a materialidade apresentada.

Esse é o movimento que institui o drama como condição da mudança do modo de sentir e pensar a realidade, que resulta em novas significações. "[...] a partir desse **lugar de estranhamento, a imaginação** é mobilizada para que novas compreensões sejam possíveis, no âmbito da emoção, do sentido e da significação, e do percebido/compreendido" (SOUZA, DUGNANI & REIS, 2018, p. 379).

Conforme se apresentou até aqui, é possível afirmar que para conhecer é necessário imaginar e para imaginar é preciso conhecer. Ou seja, a falta de conhecimento, a "ignorância", trava o pensamento e o curso das emoções, enquanto o conhecimento, a sensibilidade e a reflexão põem em curso o desenvolvimento em seu caráter dramático e revolucionário, singular e permanente.

Algumas considerações finais

Conforme observamos nas expressões dos estudantes apresentadas no início deste capítulo, no ato de fruição de uma obra, nos comovemos porque somos afetados por sua forma e conteúdo, afecção mediada pelas circunstâncias que caracterizam a situação observada, a qual identificamos e com ela compartilhamos significados e sentidos. Nos casos apresentados, fica evidente a afecção que as imagens expressas na fotografia e na pintura produzem. No entanto, ao objetivar na escrita ou no diálogo suas sensações e compreensões, estas se confrontam com outros pensamentos ou ideias próprias e dos outros e então a contradição se instala no âmbito do pensamento, favorecendo a reflexão. Ou seja, a vivência da contradição enquanto drama promove uma solução que, em ambos os casos, resulta em novas significações que revelam o pensamento por conceito em ação para solucionar o conflito: no caso da fotografia, a "desaprovação da humanidade" e da pintura, "a imagem só pode ser concebida pela imaginação". Isso porque

A vivência da contradição é o que promove novas significações, superando a condição anterior de sentimento e pensamento, para, incorporando-os, construir novos nexos ou relações e ampliar a compreensão da realidade (SOUZA et al., 2018, p. 389).

Eis exemplos que falam por si sobre a potência da arte em promover a imaginação. E a Psicologia tem muito a contribuir com seus conhecimentos, sobretudo em relação à promoção do desenvolvimento na adolescência.

Referências

CASSIRER, E. (1977). *Antropologia Filosófica*, 2. ed. São Paulo: Mestre Jou.

ESPINOSA, B. (2008). *Ética*. Belo Horizonte: Autêntica.

LAPOUJADE, M. N. (1988). *Filosofía de la imaginación*. Madrid: Siglo XXI Editores S. A.

MANGUEL, A. (2001). *Lendo imagens: uma história de amor e ódio*, 5a. ed. São Paulo: Companhia das Letras.

_____. (2009). *À mesa com o Chapeleiro Maluco: ensaios sobre corvos e escrivaninhas*. São Paulo: Companhia das Letras.

PINO, A. (2006). A produção imaginária e a formação do sentido estético. Reflexões úteis para uma educação humana. *Pro-posições*, v. 17, n. 2(50), maio/ago., pp. 49-67.

SALGADO, S. (2000). *Êxodos*. São Paulo: Companhia das Letras.

_____. (2007). *África*. Colônia: Taschen.

SERGIO RICCIUTO CONTE. www.sergioricciutoconte.com.br

SOUZA, V. L. T. & ANDRADA, P. C. (2013). Contribuições de Vigotski para a compreensão do psiquismo. Estudos de Psicologia, Campinas, 30(3), pp. 355-365. Doi: <http://dx.doi.org/10.1590/S0103-166X2013000300005>.

SOUZA, V. L. T.; DUGNANI, L. A. C. & REIS, E. C. G. (2018). Psicologia da Arte: fundamentos e práticas para uma ação transformadora. *Estud. psicol.* Campinas, v. 35, n. 4, pp. 375-388.

_____. (2016a). Contribuições da Psicologia à compreensão do desenvolvimento e da aprendizagem. In: Souza, V. L. T.; Petroni, A. P. & Andrada, P. C. (org.). *A Psicologia da Arte e a Promoção do*

Desenvolvimento e da Aprendizagem – Intervenções em contextos educativos. São Paulo: Loyola, pp. 11-28.

SOUZA, V. L. T. (2016b). Arte, Imaginação e Desenvolvimento Humano: aportes à atuação do Psicólogo na escola. In: Dazzani, M. V. & Souza, V. L. T. (org.) *Psicologia Escolar Crítica: teoria e prática nos contextos educacionais*. Campinas: Alínea, pp. 77-94.

SOUZA, V. L. T.; PETRONI, A. P. & DUGNANI, L. A. C. (2011). A arte como mediação nas pesquisas e intervenção em Psicologia Escolar. In: Guzzo, R. S. L. & Marinho-Araújo, C. M. (org.) *Psicologia escolar: identificando e superando barreiras*. Campinas: Alínea, pp. 261-285.

SOUZA, V. L. T.; PETRONI, A. P.; DUGNANI, L. A. C.; BARBOSA, E. T. & ANDRADA, P. C. (2014). O psicólogo na escola e com a escola: a parceria como forma de atuação promotora de mudanças. In: Guzzo, R. S. L. (org.), *Psicologia Escolar: desafios e bastidores na educação pública*. Campinas: Alínea, pp. 27-54.

SOUZA, V. L. T.; DUGNANI, L. A. C.; POTT, E. T. B.; JESUS, J. S. & NEVES, M. A. P. (2016). As mediações estéticas como estratégia da atuação do psicólogo escolar em classes de recuperação. In: Dazzani, M. V. & Souza, V. L. T. (orgs.) *Psicologia Escolar Crítica: teoria e prática nos contextos educacionais*. Campinas: Alínea, pp. 205-219.

TATEO, L. (2016). What imagination can teach us about the higher mental functions. In: Valsiner, J.; Marsico, G.; Chaudhary, N.; Sato, T.; Dazzani, V. *Psychology as the Science of human being*. Annals of theoretical psychology: Springer, pp. 149-164.

VYGOTSKY, L. S. (1930/2009). *Teoría de las emociones: Estudio histórico-psicológico*. Madrid: Akal.

_____. *Psicologia da Arte*. (1925/1999). São Paulo: Martins Fontes.

_____. *Obras escogidas*. (1931/1996). Tomo IV, Madrid: Visor.

VINHA, M. P. & WELCMAN, M. (2010). Quarta aula: a questão do meio na pedologia, Lev Semionovich Vigotski. *Psicol. USP*, São Paulo, v. 21, n. 4, pp. 681-701.

CAPÍTULO 2

A necessária inserção da(o) Psicóloga(o) na escola: para que e para quem?

Lilian Aparecida Cruz Dugnani
Fernanda Pereira de Medeiros
Paula Costa de Andrada

Considerações iniciais

O objetivo deste capítulo é destacar que os serviços oferecidos pela psicologia escolar crítica, que se caracteriza pelo compromisso com a transformação dos espaços escolares em locais potentes para o desenvolvimento e o ensino-aprendizagem, por meio de práticas que apoiem e auxiliem os profissionais da escola na construção de práticas criativas e inclusivas, é um direito que deve ser garantido a toda a população e somente a promulgação de uma política pública em âmbito nacional poderá garantir o acesso a esse serviço à população mais pobre. Pretende-se ainda contribuir com reflexões sobre os conhecimentos produzidos pela Psicologia Histórico-Cultural que, a nosso ver, podem auxiliar a construção de práticas psicológicas favorecedoras da transformação dos espaços escolares.

O Projeto de Lei (PL) 3688/2000, que dispunha sobre a inserção dos serviços de Psicologia e do Serviço Social nas escolas públicas de Educação Básica, tramitou na Câmara e no Senado por 19 anos. Após aproximadamente 115 tramitações e apreciação em todas as comissões necessárias, foi finalmente aprovado, no dia 12 de setembro de 2019, porém sofreu um veto presidencial sob a alegação de inconstitucionalidade e contrariedade ao interesse público. Em dezembro do mesmo ano, o veto foi derrubado e o projeto aprovado, quase 20 anos depois, por meio da promulgação da Lei 13.935/2019, definindo que as redes públicas de Educação Básica deveriam contar com serviços de Psicologia e de Serviço Social. Para a sua viabilização, uma alteração no projeto original foi realizada: a oferta de um psicólogo e assistente social por unidade escolar, que era prevista inicialmente, foi mudada para cada um desses profissionais por rede de ensino.

Em nenhum outro setor há um número tão grande de afastamentos motivados por questões de saúde mental quanto na Educação, é o que mostra um levantamento realizado pelo jornal *A Folha de São Paulo* com base nos dados de 2018, disponíveis no Portal da Transparência do município de São Paulo. Antes, portanto, que se anunciasse a crise advinda dos desdobramentos da pandemia da Covid-19, apenas no município de São Paulo, 22 mil profissionais/ano, o que resulta em uma média aproximada de 64 profissionais/dia, entraram em licença médica por questões ligadas à depressão, estresse, *burnout*, ansiedade e síndrome do pânico. Diante disso, evidencia-se que a inserção de uma equipe interdisciplinar que possa construir com a escola formas de superar os complexos desafios que lhe são apresentados não se configura como uma despesa, mas, ao contrário disso, como um investimento urgente e necessário.

Por isso, portarias como a 6.566 de 24 de Novembro de 2014, do município de São Paulo, que dispõe sobre a implantação e implementação de Núcleos de Apoio e Acompanhamento para a Aprendizagem – NAAPAs, voltados ao atendimento institucional, formados por uma equipe multidisciplinar composta por educadores, psicólogos e psicopedagogos, que ficam alocados em cada uma das 13 Diretorias Regionais da Educação (DREs) da Secretaria Municipal de Educação e atendem a todos os territórios do município, são considerados por nós, profissionais da Psicologia que atuam em escolas, uma conquista, sobretudo quando nos aproximamos das diretrizes que orientam o trabalho dos profissionais na escola. O NAAPA se propõe à:

I- articular e fortalecer a Rede de Proteção Social no(s) território(s);
II- apoiar e acompanhar as equipes docentes e gestoras no processo de ensino-aprendizagem **dos educandos que apresentam dificuldades no processo de escolarização, decorren-**

tes de suas condições individuais, familiares ou sociais que impliquem em prejuízo significativo no processo de ensino aprendizagem;

III- realizar, no NAAPA, avaliação multidisciplinar aos educandos, mediante análise da solicitação da Equipe Gestora.

§1º – **O serviço descrito no caput deste artigo não se caracterizará como atendimento terapêutico**, tanto nas Unidades Educacionais quanto nas Diretorias Regionais de Educação — DREs.

§2º – Os serviços do NAAPA deverão ser organizados e desenvolvidos considerando:

I- os Projetos Político-Pedagógicos das Unidades Educacionais;

II- a visão de currículo como construção sócio-histórico-cultural e instrumento privilegiado da constituição de identidades e subjetividades, com a participação intensa da Comunidade Educativa;

III- a cultura da escola, gestão escolar, acompanhamento e organização de práticas que reconheçam, considerem, respeitem e valorizem a diversidade humana, as diferentes maneiras e tempos para aprender (Portaria 6.566, de 24 de novembro de 2014, grifo nosso).

Nota-se que as orientações expressas na portaria revelam uma visão de homem, de mundo e de aprendizagem coadunadas com as proposições da Psicologia Escolar e Educacional e expressas nas referências técnicas para atuação do Psicólogo na Educação Básica (CONSELHO FEDERAL DE PSICOLOGIA, 2019), comprometidas com o rompimento de noções individualizantes, medicalizantes e patologizantes, que tendem à atribuir ao estudante, às suas condições socioeconômicas e às suas famílias a responsabilidade pelas intercorrências que este sofre em seu processo de escolarização. Neste sentido, diversos estudiosos da área têm se debruçado em um esforço comum e constante em busca da realização de uma leitura crítica da realidade, considerando as relações intra e extramuros da escola, bem como as condições concretas do ensino público que o levam a ser o que é hoje, os desafios, os limites e as possibilidades impostos à sua superação (PATTO, 1984, 1990, 1997; SOUZA, V. L. T., 2016a, 2016b; SOUZA, M. P., 2009, 2010; GUZZO, 2018).

Os resultados dos estudos têm evidenciado a imperatividade da construção de uma coletividade que se oriente pela busca por formas mais criativas de promover o ensino e a aprendizagem ao mesmo tempo em que se organizam e cobram do poder público a melhoria das condições concretas para que este se objetive por meio da articulação e fortalecimento das redes intra e extramuros da escola. E é nesta direção que pensamos que a inserção do psicólogo no quadro funcional do magistério, tal como está preconizada na Lei 13.935/2019, pode se constituir como um importante avanço para os profissionais da área, visto que a política pública legitima a atuação do psicólogo escolar como um profissional **que acompanha e apoia os coletivos da escola** na busca pela construção de formas de objetivação do ensino e da aprendizagem de todos os estudantes. Neste sentido, os conhecimentos produzidos pelos estudiosos da Psicologia Escolar Crítica e os da Psicologia Histórico-Cultural podem se constituir como uma importante ferramenta na construção das práticas dos psicólogos que atuam nesta recente política pública, sobretudo àquelas que se referem aos processos de mudança e à construção da coletividade. Sobre essas questões discutiremos no próximo item.

O meu, o seu, o nosso – o sofrimento como núcleo mediador das relações

Os estudos do grupo Processos de Constituição do Sujeito em Práticas Educativas – PROSPED –, realizados ao longo de mais de dez anos em diversas redes públicas municipais e estaduais de ensino de São Paulo, têm evidenciado que as relações na escola parecem se caracterizar por uma desagregação entre pais, alunos, professores, gestores e membros da secretaria de ensino, e pela dicotomização entre o "nós" e os "outros", marcadas por um clima de oposição e pouca abertura ao diálogo, bem como pela culpabilização individual de questões que são de ordem estrutural da sociedade (DUGNANI & SOUZA, 2011; PETRONI & SOUZA, 2014; ANDRADA & SOUZA, 2015).

Os espaços de fala e escuta não parecem ser vistos como fonte de promoção de desenvolvimento e potencial para a criação de estratégias coletivas que superem essa condição (ARINELLI & SOUZA, 2013) e os encontros entre os diversos atores têm como tônica central o tensionamento e a prevalência de uma postura ao mesmo tempo de ataque e de defesa, adotada por todos (DUGNANI & SOUZA, 2016). A busca por culpados, muito mais do que a abertura e a procura por soluções para as situações que precisam de formas criativas para serem transformadas, parece ser o núcleo organizador dessas relações, desarticulando o coletivo e, não raro, causando sofrimento a todos os envolvidos. O que se nota é que prevalecem os afetos de nuances negativas como balizadores das relações na escola (BARBOSA & SOUZA, 2015; SOUZA & LUZ, 2017).

Os gestores queixam-se da falta de abertura dos professores para o desenvolvimento de novas propostas, dizem que, quando propõem algo novo, são acusados de estarem do lado da Secretaria e, quando não propõem, de deixarem os professores à deriva (PETRONI & SOUZA, 2014, DUGNANI & SOUZA, 2016, MEDEIROS, 2022). Afirmam ainda que o lugar da gestão é solitário e tensionado e, simultaneamente, os professores queixam-se de solidão, de impotência, de esgotamento, e, via de regra, a gestão é apontada como responsável, visto que, da perspectiva dos docentes, não apoia, não ajuda e não leva em consideração a realidade em sala de aula (ANDRADA & SOUZA, 2015; SOUZA, DUGNANI, BARBOSA, JESUS & NEVES, 2016).

Os estudantes, por sua vez, dizem que os conflitos permeiam as relações entre eles e os professores, porém, o que se nota é que os alunos, muitas vezes, reagem a situações em que são expostos negativamente diante do grupo sem que sejam criados espaços de reflexão e ressignificação dos modos de se relacionar, acirrando-se a relação "nós", os alunos, contra "eles", os docentes. Neste contexto, o ensino e a aprendizagem ficam em segundo plano e frequentar as salas de aula passa a ser uma atividade meramente burocrática, esvaziada do sentido que a escola deveria ter para os jovens: desenvolver-se como pessoa e apropriar-se de conhecimentos cada vez mais complexos (FERREIRA, SOUZA & JESUS, 2018; MARTINS, NEVES & SOUZA, 2018).

Importa evidenciar que as queixas dos diversos grupos são legítimas, pois, ao nos aproximarmos desse contexto, podemos notar a cisão entre professores, alunos e gestores. Os corporativismos que se constituem a partir dessas relações são resultados do sofrimento que têm o sentimento de solidão e a incompreensão em sua base, promovendo a individualização das responsabilidades e que é surpreendentemente compartilhado por alunos, professores e gestores (ANDRADA & SOUZA, 2015; SOUZA, DUGNANI, BARBOSA, JESUS & NEVES, 2016). Embora a realidade escolar seja marcada por singularidades e se constitua a partir das relações concretas entre seus atores, pudemos presenciar os movimentos descritos acima nas diversas escolas em que atuamos.

Essa também parece ser a realidade encontrada pelos psicólogos escolares que atuam no NAAPA, visto que as suas orientações normativas afirmam que:

> O/a psicólogo/a do NAAPA atua buscando sustentar um campo de problematizações que propõe o deslocamento dos lugares marcados nas instituições e que comprometem os processos educacionais, bem como indagar as sensações de impotência diante das situações apresentadas, principalmente daquelas que traduzem a desistência de transformações do cotidiano (SME/COPED, 2016, p. 78).

A compreensão de que o sofrimento, o distanciamento, o alheamento e os corporativismos constituem-se por meio de problemáticas sociais, ideológicas e históricas, por mais que tenham contornos de algo que, aparentemente, é individual, pode ser uma importante ferramenta para o psicólogo escolar na promoção de diálogos que favoreçam a superação dessas condições. Sawaia (2007) afirma que "é o indivíduo que sofre, porém, esse sofrimento não tem a gênese nele, e, sim, em intersubjetividades delineadas socialmente" (p. 101).

Ao transpor essa acepção para o cotidiano da escola, pode-se pensar as queixas escolares de uma perspectiva que tenha em sua construção as condições de vulnerabilidade de seus integrantes e não, como é o usual, de que os problemas de escolarização são de ordem individual, normalmente culpabilizando o aluno ou a sua família e, por vezes, o professor.

A queixa escolar fundamentada na totalidade que envolve o processo de escolarização pode ser olhada além das questões isoladas, individuais e de incapacidades orgânicas, mas sim de fatores alicerçados por uma ordem social, econômica e política. O que significa dizer que as questões da vida, marcadas pela cultura e pelo tempo histórico que se revelam no cotidiano escolar, apontam um sofrimento ético-político pela vivência de uma situação de privação, não representação, exclusão de possibilidades de poder acessar condições materiais e subjetivas de existência.

Falamos de uma exclusão de direitos à saúde, lazer, cultura, esporte, tecnologia, mobilidade; falamos da exclusão das possibilidades de ensinar e de aprender e de trabalhos qualificados; falamos também da ausência de poder, de ação e representação. Essas dimensões, se acessadas e incluídas no contexto escolar e no entendimento dos problemas nos processos de escolarização, teriam um potencial humanizador dos integrantes da escola.

Sawaia (2009) retrata que a não possibilidade de acesso a esses direitos de reconhecimento, de escolha e representatividade gera tanto sofrimento quanto a falta de acesso às condições materiais, pois é uma manifestação de não liberdade. Diz a autora que esse tipo de exclusão, reflexo da desigualdade social, ressalta o descompromisso ético-político com o sofrimento do outro e a incapacidade de o sujeito agir livremente, pois tem diminuída a sua possibilidade de investir em ações que levariam à transformação de sua realidade. Nas palavras da autora:

> A desigualdade social se caracteriza por ameaça permanente à existência. Ela cerceia a experiência, a mobilidade, a vontade e impõe diferentes formas de humilhação. Essa depauperação permanente produz intenso sofrimento, uma tristeza que se cristaliza em um estado de paixão crônico na vida cotidiana, que se reproduz no corpo memorioso de geração a geração. Bloqueia o poder do corpo de afetar e ser afetado, rompendo os nexos entre mente e corpo, entre as funções psicológicas superiores e a sociedade (SAWAIA, 2009, pp. 369/370).

Por isso, o favorecimento de espaços dialógicos, que provoquem os sujeitos a refletirem sobre os motivos que o levaram a chegar a ser quem são nos espaços escolares, pode promover novas formas de relação com o mundo, por meio da transformação dos afetos e construção do comum. Sobre isso discorremos abaixo.

Concepções sobre a relação entre os afetos e a constituição do comum

Espinosa parte de uma concepção monista de homem, ou seja, compreende que mente e corpo, razão e emoção são inseparáveis. A partir dessa visão, desenvolve uma teoria das emoções correlatas ao que chamou de ética (SAWAIA, 2009).

Para o autor estudado por Sawaia (2007; 2009; 2018), o afeto é, portanto, o modo pelo qual experienciamos as relações sociais no cotidiano:

>...o que para Espinosa significa a transição de um estado de maior ou menor potência de vida para outro, encontros que aumentam ou diminuem nosso *conatus*, palavra latina que designa esforço para perseverar na existência e aumentar a potência de vida, o que é um direito natural de todos (SAWAIA, 2018, p. 30).

A ética para Espinosa (1989) é, portanto, **o direito de perseverar na própria existência.** Não a existência do ponto de vista biológico apenas, mas sim no âmbito monista de uma perspectiva que integra o indivíduo, não aparta o afeto da emoção, nem o sentido do pensar e do agir. Assim, toda ação é pensada e sentida e não se separa do coletivo, das relações sociais empreendidas pelo sujeito.

Nossa mente, algumas vezes, age com clareza, quando tem ideias adequadas, outras vezes, padece quando tem ideias inadequadas, fragmentadas, confusas – causas inadequadas. Quanto maior o número de ideias inadequadas, maior o nível de alienação. Portanto, é possível compreender que a potência de vida pode ser aumentada ou diminuída a partir dos encontros com o outro, ao tomar contato com as ideias e ações do outro (SAWAIA, 2000).

É a partir dessa compreensão de aumento de potência ou padecimento no encontro com o outro que Sawaia (2000; 2009; 2018) confere uma dimensão ético-política aos afetos. São os afetos, frutos da experiência, que se constituem como "radar da nossa condição cidadã" (SAWAIA, 2018, p. 33), ou seja, os afetos são o núcleo mediador da relação do sujeito com a sociedade. Sawaia (2018) afirma que os afetos são "o prisma pelo qual o exterior se transforma em subjetividade" (p. 33). Esse aspecto descrito pela autora aponta caminhos e justifica o trabalho do psicólogo crítico por meio do estudo e percepção das afetações que constituem as relações do contexto a ser estudado.

Essa importância conferida aos afetos na condição humana foi cunhada por Vygotsky (1927/1995; 1934/2003; 1927/2004a; 1933/2004b), a partir de suas leituras da obra de Espinosa, reforçando sua compreensão e pressupostos sobre a liberdade e a importância do social no fortalecimento da potência de vida. Ou seja, o quanto o sujeito pode descobrir no encontro com o outro sua própria força para existir e agir.

> Não é novidade enfatizar a força do comum na política. Desde que nascemos, ouvimos que "a união faz a força". A originalidade está na concepção defendida por Espinosa de comum como desejo, afeto e não como uma finalidade. Ele é o que permite ao homem reconhecer que cada um se conservará se puder conviver com o outro em paz e tornar-se uma *veluti mente*, isto é, "como se fossem uma única mente" (ESPINOSA, TP, cap. II, §13). O comum é o sentimento de que nossa potência de vida só é possível por meio do outro (SAWAIA, 2018, p. 34).

O que a autora defende, com base nos postulados da ética espinosana, é a concepção do comum enquanto afeto constituído na relação com o outro e não como um fim. É um sentimento de coletivo que possibilita o aumento da potência de ação dos sujeitos, aumento da possibilidade de transformação.

Torna-se necessário dizer que o sujeito que está apartado do coletivo vivencia o sofrimento ético-político justamente pelo cerceamento de condições materiais e simbólicas de existência e, consequentemente, de possibilidades de fortalecimento da potência de vida. Nas palavras de Sawaia (2007, pp. 105-106), ele "revela a tonalidade ética da vivência cotidiana da desigualdade social, da negação imposta socialmente às possibilidades da maioria apropriar-se da produção material, cultural e social de sua época, de se movimentar no espaço público e de expressar desejo e afeto". Aspectos estes que estão na base da potencialização do sujeito.

E é este papel atribuído ao psicólogo escolar e à equipe multidisciplinar do NAAPA, o de contribuir para incluir aqueles que estão fora, apartados da possibilidade e acesso ao conteúdo escolarizado, o que os tornam sujeitos de sofrimento e de exclusão social e, portanto, às margens. O trabalho proposto é o de apoiar a superação do sentimento de estar fora, de não se reconhecer, de eticamente não ter o direito de poder lutar pela sobrevivência de tal forma que leva ao adoecimento.

Corroboramos, portanto, as concepções de Sawaia (2018) e de Santos e Sawaia (2016) ao postularem que a vivência do comum é fundamental ao ser humano, tanto quanto seu alimento ou saúde física:

> é o sentimento do comum que abre a possibilidade da alegria gerada pela potência de agir coletivamente, de finalmente ser forte, por formar um todo poderoso. [...] O sentimento do comum é o que proporciona uma experiência do comum, o sentir com, partilhar emoções (SANTOS & SAWAIA, 2016, p. 320).

A legitimação da inserção dos Psicólogos Escolares no quadro funcional do magistério, por meio de uma política pública, garante-lhes um lugar de pertença e favorece a potência de ação. Visto que, mesmo quando confrontados com o não saber diante das complexas situações de vulnerabilidade e desigualdade social que lhes chegam, tal como anunciado na portaria e mencionado na introdução deste capítulo, têm reconhecido e validado o seu papel no apoio e acompanhamento de situações em que a construção coletiva de formas de atuação torna-se imperativa para a superação da lógica do sofrimento ético-político.

A recente política do município de São Paulo lança a estes profissionais o desafio da busca permanente por formas de atuação que resguardem as dimensões potencializadoras do humano por meio de mediações que promovam o desenvolvimento das funções psicológicas superiores. Tal tarefa vem se mostrando desafiadora, mas nosso grupo de pesquisa tem conseguido enfrentá-la por meio do uso da arte em nossas intervenções, conforme discorremos a seguir.

A arte na promoção do comum

Vygotsky (1927/1995) defende a importância da afetividade na constituição do humano como ser social concebido de forma multifacetada e indissociável. Sawaia (2000) credita à Vygotsky a importância de conferir à afetividade uma forma de positividade epistemológica, uma vez que ele toma o aspecto afetivo-volitivo como fundamento do desenvolvimento do psiquismo e não como algo a ser descartado por interferir nas ações como é característico de um viés racionalista, muitas vezes vigente na atualidade.

Desse modo, Vygotsky confere à emoção o caráter de função psicológica superior, desenvolvidas e constituintes das relações empreendidas socialmente. É na sua obra Psicologia da Arte que Vygotsky (1925/2001) versa sobre o conceito de afetividade humana em relação à reação emocional diante de manifestações artísticas. Ele descreve que, por meio da arte, temos a possibilidade de reviver emoções que teriam permanecido indefinidas ou esquecidas. Nas palavras do autor: "a base da reação estética são as emoções suscitadas pela arte e por nós vivenciadas com toda realidade e força, mas encontram a sua descarga naquela atividade da fantasia que sempre requer de nós a percepção da arte" (VYGOTSKY, 1925/2001, p. 272). Daí a função integradora da arte no que diz respeito ao psiquismo.

Souza, Dugnani e Reis (2018) compreendem a arte, enquanto ferramenta do psicólogo escolar, em sua dimensão humanizadora visto ser capaz de afetar os sujeitos e integrar sentimentos, percepções e ações à medida que pode conferir significados e sentidos às emoções antes confusas. Ou seja, ao colocar o fenômeno em movimento, a arte possibilita ressignificar a vida vivida de modo pragmático, e, por ser o social em nós, "o sentimento não se torna social, mas, ao contrário, torna-se pessoal, quando cada um de nós vivencia uma obra de arte, converte-se em pessoal sem com isto deixar de ser social" (VYGOTSKY, 1925/2001, p. 315).

Ao fazer a afirmação de que a arte é o social em cada sujeito, Vygotsky (1925/2001) a coloca como uma ferramenta das emoções, reafirma sua constituição sócio-histórica no desenvolvimento dos sujeitos e, como corrobora Santos e Sawaia (2016), remete ao caráter universal da arte capaz de promover a experiência do comum, visto que a obra não diz da emoção individual do artista, mas, sim, de um sentimento universal traduzido e captado pelo artista. Daí a importância da arte enquanto ferramenta do psicólogo à promoção do comum em espaços de intensa exposição e subjugação ao sofrimento ético-político. É a partir do contato com sentimentos de natureza humano-genérica traduzidos nas obras artísticas que se abre às possibilidades de ressignificação do sofrimento da vida vivida e se oportuniza espaço ao fortalecimento do sentimento de comum.

Considerações finais

À guisa do fechamento deste capítulo gostaríamos de destacar a importância de uma política pública que legitima a atuação do psicólogo escolar como um profissional que deve se voltar à construção da coletividade como forma de superar os desafios que se impõem aos processos de escolarização na educação básica. Isso porque as práticas clínicas que limitam o olhar e a atuação da psicologia na escola ainda persistem neste contexto (GUZZO, MEZZALIRA & MOREIRA, 2012).

A atuação do psicólogo escolar como um profissional que busca oferecer possibilidades de reflexões e intervenções transformadoras do sofrimento-ético político está em construção. E é neste sentido que pensamos que o conhecimento sobre as condicionantes sociais, ideológicas e políticas que visam naturalizar a escola como o lugar do não saber para os mais pobres mostra-se primordial para a constituição de práticas psicológicas que rompam com estes movimentos.

Ao conhecer as possibilidades, limites e desafios a que estão submetidos, bem como os conhecimentos que têm sido produzidos pelos estudiosos da área, os psicólogos escolares que estão inseridos no quadro funcional do magistério podem tornar-se autores das práticas que desenvolvem no apoio e acompanhamento das unidades escolares e na construção de sua autonomia, visando à superação das condições sociais que produzem o sofrimento e o não aprendizado.

Como afirma Espinosa (1989), é por meio do conhecimento dos afetos a que está submetido nas suas condições concretas de existência que o sujeito se liberta do padecimento, tornando-se potente para agir em busca da permanência de sua própria existência.

Referências

ARINELLI, G. S. & SOUZA, V. L. T. (2013). A fala e a escuta na escola: uma análise das pesquisas desenvolvidas na área de psicologia e educação. XVIII Encontro de Iniciação Científica Puc-Campinas, Campinas. *Anais do XVIII Encontro de Iniciação Científica.* Disponível em: <https://wl.sis.puc-campinas.edu.br/websist/portal/pesquisa/ic/pic2013/html/alunos.htm#letra_G>.

ANDRADA, P. C. & SOUZA, V. L. T. (2015). Corpo e docência: a dança circular como promotora do desenvolvimento da consciência. *Revista Psicologia Escolar e Educacional,* 19(2), pp. 359-368. Disponível em: <http://dx.doi.org/10.1590/2175-3539/2015/0192855>.

BARBOSA, E. T. & SOUZA, V. L. T. (2015). Sentidos do Respeito para Alunos: uma Análise na Perspectiva da Psicologia Histórico-Cultural. *Psicologia: ciência e profissão* (on-line), 35(2), pp. 255-270. Disponível em: <http://www.scielo.br/scielo.php?pid=S141498932 015000200255&script=sci_abstract&tlng=pt>.

CONSELHO FEDERAL DE PSICOLOGIA (2019). Referências Técnicas para a atuação de Psicólogas(os) na Educação Básica. Conselho Federal de Psicologia. Edição revisada. Brasília: CFP. Disponível em: <http://site.cfp.org.br/wpcontent/upoads/2019/08/educacao-BASICA_web.pdf>.

DUGNANI, L. A. C. & SOUZA, V. L. T. (2011). Os sentidos do trabalho para o orientador pedagógico: contribuições da psicologia escolar. *Psicologia da Educação* (Impresso), 33(2), pp. 29-47. Disponível em: <http://pepsic.bvsalud.org/pdf/psie/n33/n33a03.pdf>.

_____. (2016). Psicologia e gestores escolares: mediações estéticas e semióticas promovendo ações coletivas. *Estudos de Psicologia.* (Campinas), 33(2), pp. 247-259. Disponível em: <http://www.scielo.br/scielo.php?pid=S0103166X2016000200247&script=sci_abstract&tlng=pt>.

ESPINOSA, B. (1957). *Ética.* (Lívio Xavier, Trad.). 3a. ed. São Paulo: Atenas.

_____. (1989). *Ética* II. 4a. ed. São Paulo: Nova Cultural. (Originalmente publicado em 1677).

FERREIRA, A. C.; SOUZA, V. L. T. & JESUS, J. S. (2018). Só Por Deus: A Percepção Da Escola Vivida E Imaginada De Alunos De 1º Ano Do Ensino Médio Noturno. *II Simpósio Nacional Psicologia e Compromisso Social: A Psicologia e a Construção da Crítica: Novos Embaraços no Percurso*, pp. 45-46. Disponível em: <https://drive.google.com/file/d/1YB9wcq1sSjTpwKJf5vj_UKwTAIcgOCV/view>.

GUZZO, R. S. L. (2018). Descolonizando la psicología: procesos de participación en escuelas y comunidades. *Teoría Y Crítica De La Psicología*, v. 11, pp. 105-130.

GUZZO, R. S. L.; MEZZALIRA, A. S. C.; MOREIRA, A. P. G.; TIZZEI, R. P. & SILVA NETO, W. M. F. (2010). Psicologia e Educação no Brasil: Uma Visão da História e Possibilidades nesta Relação. *Psicologia: Teoria e Pesquisa*, Brasília, 26 (nº spe), pp. 125-136. Disponível em: <http://dx.doi.org/10.1590/S0102-37722010000500012>.

Lei nº 13.935, de 11 de dezembro de 2019 (2019). Dispõe sobre a prestação de serviços de psicologia e de serviço social nas redes públicas de educação básica. Obtido em: <http://www.planalto.gov.br/ccivil_03/_ato2019-2022/2019/lei/L13935.html>.

MARTINS, L. G.; NEVES, M. A. P.; SOUZA, V. L. T. (2018). Ensino Médio Público Diurno: sentidos e significados de adolescentes sobre suas vivências na escola. *V Congresso Brasileiro Psicologia Ciência e Profissão*, São Paulo.

MEDEIROS, F.P. (2022) A escola como promotora de desenvolvimento humano: contribuições da Psicologia à gestão escolar. Tese de Doutorado em Psicologia, Pontifícia Universidade Católica de Campinas.

PATTO, M. H. S. (1984). *Psicologia e ideologia: uma introdução crítica à psicologia escolar*. São Paulo: T. A. Queiroz.

_____. (1990). *A produção do fracasso escolar*. São Paulo: Casa do Psicólogo.

_____. (1997). *Introdução à Psicologia Escolar*. São Paulo: Casa do Psicólogo.

PETRONI, A. P. & SOUZA, V. L. T. (2014). Psicólogo escolar e equipe gestora: tensões e contradições de uma parceria. *Psicologia: Ciên-*

cia e Profissão (Impresso), 34 (2), pp. 444-459. Disponível em: <http://dx.doi.org/10.1590/1982-3703000372013>.

PORTARIA SME/SP N° 6.566, de 24 de novembro de 2014. *Dispõe sobre a implantação e implementação do Núcleo de Apoio e Acompanhamento para a Aprendizagem – NAAPA, nas Diretorias Regionais de Educação da Secretaria Municipal de Educação, e dá outras providências.* Disponível em: <https://www.sinpeem.com.br/lermais_materias.php?cd_materias=8295&friurl=_-Portaria-no-6566-DOC-de-25112014-pagina-12-_>.

PROJETO DE LEI 3688 de 2000. *Dispõe sobre a introdução de assistente social no quadro de profissionais de educação em cada escola.* Disponível em: <https://www.camara.leg.br/proposicoesWeb/fichadetramitacao?idProposicao=20050>.

SANTOS, L. M. & SAWAIA, B. (2016). Um mergulho no "Morro do Querosene" e o encontro com os artistas do invisível: reflexões sobre arte, comunidade, afeto e práxis psicossocial. *Revista de Ciências Humanas,* 50(2), pp. 315-333. Doi: <https://doi.org/10.5007/2178-4582.2016v50n2p315>.

SAWAIA, B. B. (2000). A emoção como lócus de produção do conhecimento. In: *Conferência de Pesquisa Sócio-Cultural: Cultura A Dimensão Psicológica e a Mudança Histórica e Cultural,* 3. Anais... Campinas: Unicamp/FE, 2000. Disponível em: <https://www.fe.unicamp.br/br2000/enedi.htm>.

_____. (2007). O sofrimento ético-político como categoria de análise da dialética exclusão/inclusão. Sawaia, B. B. (org.). *As artimanhas da exclusão: uma análise ético-psicossocial da desigualdade,* 7a. ed., pp. 97-119. Petrópolis: Vozes.

_____. (2009). Psicologia e desigualdade social: uma reflexão sobre liberdade e transformação social. *Psicologia & Sociedade,* 21(3), pp. 364-372. Disponível em: <https://dx.doi.org/10.1590/S0102-71822009000300010>.

_____. (2018). Prólogo. Sawaia, B. B.; Albuquerque, R. & Busarello, F. R. (orgs.) *Afeto e o comum: reflexões sobre a práxis psicossocial.* São Paulo: Alexa Cultural.

SÃO PAULO, (2016). Secretaria Municipal de Educação. Coordenadoria Pedagógica. Núcleo de Apoio e Acompanhamento para Aprendizagem. *Caderno de debates do NAAPA: orientações normativas.* *Vl. 3* – São Paulo: SME/COPED. Disponível em: <https://www.sinesp.org.br/images/22_-_CADERNO_DE_DEBATES_DO_NAAPA_ORIENTACOES_NORMATIVAS_VOL_3.pdf>.

SOUZA, M. P. R. (2009). Psicologia Escolar e Educacional em busca de novas perspectivas. *Revista Semestral da Associação Brasileira de Psicologia Escolar e Educacional* (ABRAPEE). 13(1), pp. 179-182. Disponível em: <http://pepsic.bvsalud.org/pdf/pee/v13n1/v13n1a21.pdf>.

_____. *Psicologia Escolar e políticas públicas em Educação: desafios contemporâneos.* Em aberto, Brasília, DF, 23(83), pp. 129-149. Disponível em: <http://emaberto.inep.gov.br/index.php/emaberto/article/view/2255/2222>.

SOUZA, V. L. T. (2016a). Contribuições da Psicologia à compreensão do desenvolvimento e da aprendizagem. Souza, V. L. T.; Petroni, A. P. & Andrada, P. C. (orgs.). *A psicologia da Arte e a Promoção do Desenvolvimento e da Aprendizagem: intervenções em contextos educativos diversos.* pp. 11-28, São Paulo: Loyola.

_____. (2016b). Arte, Imaginação e Desenvolvimento Humano: aportes à atuação do psicólogo na escola. Dazzani, M. V. M. & Souza, V. L. T. (orgs.). *Psicologia escolar crítica: teoria e prática nos contextos educacionais.* pp. 73-93. Campinas: Alínea.

SOUZA, V. L. T. & LUZ, A. F. S. (2017). As interações em sala de aula nos terceiros anos do ensino fundamental. *Interação em Psicologia (on-line),* 21(2), pp. 137-146. Disponível em: <https://revistas.ufpr.br/psicologia/article/view/35799>.

SOUZA, V. L. T.; DUGNANI, L. A. C. & REIS, E. C. G. (2018). Psicologia da Arte: fundamentos e práticas para uma ação transformadora. *Estudos de Psicologia* (Campinas), 35(4), pp. 375-388. Disponível em: <https://dx.doi.org/10.1590/1982-02752018000400005>.

SOUZA, V. L. T.; DUGNANI, L. A. C.; BARBOSA, E. T.; JESUS, J. S. & NEVES, M. A. P. (2016). As mediações estéticas como estratégia de atuação do psicólogo em classes de recuperação. Dazzani, M. V.; Souza, V. L. T. (org.). *Psicologia Escolar Crítica: teoria e prática nos contextos educacionais.* Campinas: Alínea, 2016, v. 1, pp. 205-220.

VYGOTSKY, L. S. (1995). Problemas del desarrollo de la *psique*. *Obras Escogidas V. III.* Madrid: Visor Distribuciones, S. A. (Original publicado em 1927).

_____. (2003). *Pensamento e Linguagem*. 3a. ed., São Paulo: Martins Fontes. (Original publicado em 1934).

_____. (2004a) O significado histórico da crise da psicologia. Uma investigação metodológica. 3a. ed., pp. 203-417. *Teoria e Método em Psicologia*. São Paulo: Martins Fontes. (Original publicado em 1927).

_____. (2004b). *Teoría de las emociones*. Madrid: Akal (Original publicado em 1933).

_____. (2001). *Psicologia da Arte*. 2a. ed. Tradução Paulo Bezerra. São Paulo: Martins Fontes. (Original publicado em 1925).

CAPÍTULO 3

Dimensões da formação profissional na perspectiva educacional inclusiva/especial

Claudia Gomes[1]
Ana Paula Petroni

Considerações iniciais

> "Pergunte sempre a cada ideia: a quem serves?"
> (Bertold Brecht)

Iniciamos este texto assinalando o lugar de onde falamos: ao defender que o que cabe à Psicologia Escolar e Educacional, enquanto campo de conhecimento e de atuação, é olhar para os sujeitos em desenvolvimento, estamos pontuando a necessária compreensão da interface entre as áreas da saúde e da educação e de que modo o investimento no processo de ensino e aprendizagem contribui para o desenvolvimento do sujeito em qualquer etapa de sua formação. E isso vale para pensarmos a atuação com os sujeitos que são público alvo da Educação Especial[2], que não ocupam somente os espaços escolares, mas devem estar inseridos em todos os contextos sociais.

---

1   O texto aborda as discussões realizadas no Projeto de Pesquisa Humanização na Saúde: uma análise das propostas formativas da UNIFAL-MG, contemplado pelo Edital Ciências Humanas do CNPq, a quem agradecemos o apoio financeiro.
2   Lembramos que os sujeitos público-alvo da Educação Especial (PAEE) são aqueles com deficiência (física, sensorial e intelectual), transtorno global do desenvolvimento (Transtorno do Espectro Autista e Síndrome de Rett) e altas

A pergunta presente na epígrafe deste texto nos encaminha a pensar: a quem serve o modo como os cursos de formação inicial e continuada de profissionais que atuam nas áreas da saúde e da educação têm sido estruturados? Como a Psicologia, em particular a Escolar/Educacional, tem contribuído para o avanço em questões que envolvem os contextos inclusivos?

O ano de 2018 foi marcado por dois momentos muito importantes para os trabalhos com a formação de diferentes profissionais envolvidos direta e indiretamente com a área educacional (em bacharelados e licenciaturas e na formação continuada). O primeiro deles foi a discussão em torno da atualização da Política Nacional de Educação Especial na Perspectiva da Educação Inclusiva (BRASIL, 2008) após completados dez anos de sua implementação, colocando em evidência o necessário alinhamento das ações de todos os envolvidos com a Educação Especial em busca de uma inclusão efetiva. Outro momento foi a elaboração de políticas que norteiam a formação e a atuação da psicologia enquanto profissão e ciência. Vimos a construção de um movimento de mobilização, coordenado pelo Conselho Federal de Psicologia (CFP), Associação Brasileira de Ensino de Psicologia (ABEP) e a Federação Nacional dos Psicólogos (FENAPSI), para que fossem revistas, discutidas e refletidas as Diretrizes Curriculares Nacionais para os cursos de formação em Psicologia e seus impactos nos demais campos formativos.

A temática da formação, seja inicial ou continuada, não é nova, mas, ainda assim, há questões que envolvem a compreensão da complexidade que a constitui. Corroboramos Placco e Souza (2018) quando apontam que, ao se tratar desse assunto, o polo evidenciado parece ser majoritariamente aquele que é formado pelo outro – o formando; e que esse entendimento não abarca toda a complexidade que lhe é característica, assim, é preciso levar em consideração aquele que forma – o formador.

As autoras pontuam que a formação deve ser compreendida como "um conjunto de ações integradas, intencionalmente planejadas e desencadeadas pelo formador, voltado ao(s) grupo(s) pelo(s)

---

habilidades/superdotação. Desse modo, a educação inclusiva diz respeito a esses sujeitos da Educação Especial assim como aqueles que de alguma forma tenham sido excluídos da educação escolar, independente de gênero, religião, etnia e/ou condição socioeconômica.

qual(is) é responsável, para promover mudança na ação dos formandos" (PLACCO & SOUZA, 2018, p. 14). Essa perspectiva de compreender a ação formadora possibilita olhar para todos que dela fazem parte enquanto sujeitos ativos do processo e que há intencionalmente algo a ser realizado; e para nós, de dentro da Psicologia, é a promoção do desenvolvimento.

É desse lugar que falamos, enquanto formadoras/professoras de cursos de graduação em Psicologia e diferentes cursos na área da saúde e de licenciaturas, trabalhando com futuros profissionais que estarão lidando com as demandas advindas da diversidade presente nos contextos sociais e educativos.

Em trabalhos recentes (ANDRADA, PETRONI, JESUS & SOUZA, 2018; GOMES, DUGNANI & RAMOS, 2018) pontuamos a importância de se investir na formação inicial e continuada de psicólogos, professores e profissionais da área da saúde que atuam nesses espaços, promovendo o que tem sido chamado de perspectiva crítica, na medida em que permite aos sujeitos envolvidos no processo formativo que conheçam e assumam a responsabilidade de se considerar a complexidade que constitui os contextos nos quais se inserem, olhando para as possíveis mudanças que poderão promover no processo de desenvolvimento humano de crianças, adolescentes e adultos.

Esses aspectos se sobressaem quando pensamos em uma formação que tenha como um dos pontos a serem trabalhados a educação especial. Mesmo com novos modelos teóricos que impactaram a revisão da Psicologia ao longo das duas últimas décadas e, atualmente, situados nos debates políticos e legislativos que cercam o debate educacional no país, com a proposição de discussões que contemplem o desenvolvimento humano a partir de suas diferentes dimensões, com enfoque em elementos históricos e sociais presentes nos contextos (PATTO, 1996; GUZZO, 2005; SOUZA, 2009), a discussão sobre a temática de sujeitos com deficiências ainda é fundamentada em postulados biologizantes, embasados em conteúdos e conceitos universalizantes e lineares, focados em certo determinismo e universalidade do indivíduo (MARTINEZ, 2005).

Neste sentido, entendemos que os desafios da formação profissional são tão concretos quanto a presença das práticas acríticas que definiram a Psicologia no século passado. Para tanto, defendemos que revisitar o processo formativo demanda a construção de uma base situada política e ideologicamente, que dê embasamentos para uma ação profissional crítica comprometida com a realidade brasileira, o que exige a compreensão efetiva da representação da inclusão e da exclusão típicas da sociedade capitalista; assim, parafraseando Michels (2006), uma formação que ofereça aos profissionais um processo de significação que possibilite a compreensão de que "a inclusão só pode ser pensada pela presença constante da exclusão" (p. 31).

Para tanto, perguntamo-nos: de que forma a Psicologia Escolar/Educacional contribui à formação de profissionais que atuarão ou já atuam em contextos que contam com a presença de sujeitos com deficiências? Tendo em vista responder essa questão, sem a pretensão de esgotar o tema, expomos, neste capítulo, o debate de três principais aspectos, sendo 1) *a dimensão das políticas existentes e de como elas estão presentes na formação;* 2) *os postulados teóricos da Psicologia Histórico Cultural* e 3) *formação como promoção de desenvolvimento*, que em nosso entender, podem efetivar novas possibilidades formativas para uma atuação consonantes aos postulados inclusivos.

As discussões lançadas têm como referencial teórico os postulados da Psicologia Histórico-Cultural, mais precisamente o debate da Defectologia defendida por Vygotsky, na medida em que visa estabelecer um novo foco de análise do processo de constituição dos sujeitos na formação e nos processos de apropriação desses profissionais que atuam em contextos inclusivos, com sujeitos com deficiências, transtornos globais do desenvolvimento e altas habilidades/superdotação, auxiliando no avanço concreto na revisão dos postulados e contribuições da Psicologia no que tange ao debate da formação e atuação a partir de perspectivas críticas.

A dimensão política de uma formação crítica

"Mil nações
Moldaram minha cara
Minha voz
Uso pra dizer o que se cala
O meu país
É meu lugar de fala"
(Douglas Germano – interpretação de Elza Soares)

Quais políticas têm orientado a Educação Especial? Qual o lugar de fala daqueles que são alcançados por elas? O Brasil tem sido um lugar de fala? Esses questionamentos nos auxiliam na compreensão da importância de uma formação que tenha a política como uma de suas dimensões e que possibilite o desenvolvimento de uma futura atuação profissional que seja crítica e inclusiva, pois ao conhecer os movimentos e momentos que engendraram as políticas que temos hoje é que se faz viável a adoção dessa perspectiva.

A Educação Especial em nosso país vem percorrendo um caminho há cerca de 20 anos e a promulgação da Constituição Federal (BRASIL, 1988) coloca como direito a todo cidadão o acesso à educação. Atualmente, temos uma política que orienta essa modalidade de educação, que deve perpassar todos os níveis de ensino e fazer parte da construção de uma escola inclusiva – estamos falando da já citada Política Nacional da Educação Especial na perspectiva da Educação Inclusiva, promulgada em 2008, e que tem como fundamento principal a Declaração Universal dos Direitos Humanos.

Porém sabemos, assim como apontado por Oliveira (2010), que os postulados políticos que asseguram o direito à Educação aos sujeitos público-alvo da Educação Especial são insuficientes para propiciar uma prática e uma vivência escolar democrática e inclusiva. Ainda nas palavras da autora:

> Se, antes, bastava conhecer profundamente as deficiências e suas decorrências, atualmente isso é insuficiente ou, talvez, até desnecessário, uma vez que precisamos refletir sobre o processo educativo desses sujeitos e como a escola brasileira poderá garantir a eles acesso pleno à riqueza da humanidade e a herança dos conhecimentos como pilares da emancipação humana (p. 145).

E, assim, é no desvelamento da relação constante entre inclusão e exclusão, a partir da compreensão das dimensões históricas e sociais, que consideramos que a Psicologia Escolar e Educacional tem essencial contribuição na formação dos profissionais, não a partir de conteúdos estáticos, fragmentados e técnicos como comumente estão empregados nos currículos de formação, mas sim a partir de recortes teóricos e metodológicos que possibilitem novas formas de significação dos pressupostos inclusivos.

Abordar o tema do desenvolvimento humano de sujeitos público-alvo da educação especial é assumir que especificidades existem e que devem ser consideradas, porém, é alertar também para a necessidade de elaboração de políticas públicas de acompanhamentos preventivos e interventivos nas diferentes esferas que compõem o desenvolvimento saudável. Segundo a Política Nacional de Saúde das Pessoas com Deficiência (2010), não podemos desconsiderar que, dentre as possíveis causas das deficiências, estão presentes as questões hereditárias, mas também as decorrentes da falta e da inadequação da assistência às mulheres durante a gestação e o parto, a desnutrição, as doenças transmissíveis e as crônicas, as perturbações psiquiátricas, os traumas e lesões, eventos esses que podem e devem ser evitados por meio de políticas públicas sociais de saúde.

Dessa forma, a atuação "sobre os fatores que causam as deficiências é tarefa de toda a sociedade, o que inclui os poderes públicos, as entidades não governamentais e as privadas, as associações, os conselhos, as comunidades, as famílias e os indivíduos" (BRASIL, 2010, p. 20). E garantir condições de desenvolvimento a essas pessoas é atuar na efetivação dessas mesmas políticas.

Nesse sentido, a definição adotada de "criança com deficiência" em substituição às demais terminologias vem sendo empregada a partir dos documentos recentes citados anteriormente, como no Decreto n. 6.571 (09/2008), que regulamenta a Política Nacional de Educação Especial na perspectiva da Educação Inclusiva (2008), assim como na Política Nacional de Saúde das Pessoas com Deficiência (2010) e, mais recentemente, na Lei Brasileira de Inclusão (Lei n. 13.146, 2015) conhecida como Estatuto da Pessoa com Deficiência. Esses documentos enfatizam a especificidade dos quadros que compreendem esses sujeitos (deficiência hereditárias, congênitas, perturbações psiquiátricas, traumas e lesões, deficiências físicas, sensoriais, intelectuais, transtornos globais do desenvolvimento e altas habilidades ou superdotação), e firmam a demanda de ações em diferentes segmentos sociais para essa parcela da população.

Demandas estas que, em nosso país, são firmadas com intensidade no início da década de 1980, como dissemos, e que se estende até os dias atuais, apresentando discussões e ações mais promissoras ao processo de inclusão escolar de sujeitos com deficiência, a partir de 1990, com a promulgação nacional do Estatuto da Criança e do Adolescente (LEI n. 8039, 1990), assim como reiteradas pela Declaração Mundial de Educação para Todos, consignada pela Organização das Nações Unidas para Educação e Ciência (1990) e ainda com a Declaração de Salamanca (1994), ao definir a necessidade da construção de uma sociedade inclusiva como um processo de fundamental importância para a manutenção de um Estado Democrático.

Dessa forma, no âmbito nacional, a polêmica discussão da proposta educacional inclusiva se deu pela aprovação, em 1993, e pela promulgação, em 1996, da Nova Lei de Diretrizes e Bases da Educação (LEI n. 9.394, 1996), que em seus artigos firma e impacta sobremaneira a discussão da formação dos profissionais que atuam direta e indiretamente na educação frente à necessidade de equidade ao atendimento educacional no ensino regular a todos os educandos.

Essa compreensão é reafirmada pela Política Nacional de Educação Especial na Perspectiva Inclusiva (2008), que busca avançar nas discussões das propostas educacionais ao regulamentar a possibilidade de atendimentos educacionais especializados que promovam condições de acesso, permanência e participação, com a garantia de transversalidade das ações da educação especial no ensino regular, por meio do desenvolvimento de recursos didáticos e pedagógicos que auxiliem na eliminação das barreiras acadêmicas para esses sujeitos nos diferentes níveis acadêmicos.

Ainda de acordo com essa política, a compreensão da Educação Especial nessa nova esfera vem possibilitar a oferta do atendimento especializado aos sujeitos, com o oferecimento de recursos e procedimentos apropriados, facilitando a acessibilidade e a eliminação de barreiras e, assim, efetivando a promoção da formação integral dos sujeitos, o que demanda, em nosso entendimento, uma revisão efetiva da compreensão do processo de desenvolvimento do indivíduo com deficiência e de seu processo de aprendizagem e de desenvolvimento, como eixo potencializador de ações e atitudes mais democráticas, justas e igualitárias.

Com base em tais promulgações legais que permeiam o panorama internacional e nacional, a Educação Especial no Brasil tem recebido um tratamento diferenciado ao ser compreendida atualmente como uma modalidade de ensino que deve integrar a proposta pedagógica da escola regular (PIETRO, 2010).

No entanto, se por um lado os postulados legais favorecem o acesso dos sujeitos com deficiência nas escolas regulares, por outro, para Pietro (2010), a construção de ações para o acompanhamento e monitoramento da trajetória acadêmica desses sujeitos é imprescindível, como forma de garantir-lhes acesso aos níveis mais elevados de escolarização. Nas palavras da autora:

> [...] o predomínio de matrículas nos anos iniciais pode significar que esse alunado deixa a escola por razões diferentes, mas certamente muitos deles em função da estrutura da educação brasileira que ainda é desfavorável à permanência deles em sala comum (p. 67).

Entendemos que o reconhecimento e compreensão das leis pelos profissionais contribui para a formação e atuação a partir de um processo de apropriação desses referenciais, não de forma técnica, mas sim como conteúdo e conhecimento instrumental, que a partir de uma ação formativa intencional favorece instrumentos de enfrentamento e disputa no cenário educacional público brasileiro. Caso contrário, corremos o risco de perpetuar o debate da educação inclusiva cerceado pelos números de acesso às matrículas como garantia de acesso, mas ainda distante da efetivação do direito à permanência e desenvolvimento desses sujeitos no espaço escolar.

Apropriar-se de referenciais e postulados políticos, como campo de enfrentamento e defesa dos direitos dos sujeitos com deficiência, transtornos globais do desenvolvimento e altas habilidades/superdotação contribui sobremaneira para o processo de reconstrução das bases exclusivistas que assolam as nossas instituições sociais e escolares historicamente, pois favorece o processo de expansão crítica dos profissionais como agentes de transformação da realidade.

No entanto, não podemos, com isso, negligenciar o distanciamento existente entre as políticas públicas e a realidade vivida nas escolas e demais contextos sociais, para que possamos efetivamente desvelar vários dos discursos enraizados, e não menos verdadeiros, que assolam os discursos sobre o processo de educação inclusiva e especial ao longo dos últimos 20 anos, por exemplo, a falta de formação acadêmica dos professores e demais profissionais, dentre eles também os profissionais da área da saúde, para lidar com o sujeito público-alvo da educação especial.

> Por essa razão, precisamos estar conscientes de que as condições estruturais e conjunturais do sistema escolar e de suas unidades devem ser tais que não criem ou ampliem necessidades educacionais especiais em seus alunos e assegurem os meios para atender aquelas que surgirem. E, essas condições não se alteram por um passe de mágica, já que demandam tempo e recursos para que sejam solidamente construídas (MAZZOTA, 2010, p. 82).

Defendemos que a apropriação dos postulados legais e políticos que cercam esse debate, e que estão presentes nos espaços formativos, é a base para que os profissionais se posicionem como sujeitos transformadores e defensores da democratização do acesso, permanência e desenvolvimento de todos os sujeitos, indistintamente, no contexto escolar e demais espaços, ocupando seu território. Ou seja, apropriar-se das políticas existentes que orientam ações em espaços inclusivos é agir em consonância à defesa dos direitos, dos princípios humanitários e do debate desses espaços como promotores de desenvolvimento humano.

Concordamos com Oliveira (2010), ao afirmar que "com o caráter despolitizado do ensino público não há espaços para a reflexão crítica, para a renovação epistemológica do pensamento e da ação, para a *práxis* educativa" (p. 147), o que, em nosso entender, desfavorece a efetivação das contribuições da Psicologia Escolar/Educacional no cenário escolar.

Situar o debate da Educação Inclusiva/Especial é também iniciar o debate dos postulados educacionais adotados em um país cercado de desigualdade e miséria. Situar o ato profissional como uma ação intencional de resistência, e essa análise demanda que nos perguntemos cotidianamente: quem quer dizer o que se cala? Neste país, quem quer o lugar de fala?

Psicologia Histórico-Cultural como aporte teórico para a formação

> "Tudo é humano,
> Bem diferente
> Assim, assado
> Todos são gente"
> (Tatiana Belinky)

Pensar nessa formação que se constitui de múltiplas dimensões nos coloca frente às bases teóricas que sustentam esse processo exige que demarquemos a que nos fundamenta. Assim, apresentamos as *contribuições* da Psicologia Histórico-Cultural para o processo formativo dos profissionais que atuam com sujeitos público alvo da Educação Especial/Inclusiva, a partir da discussão da defesa do desenvolvimento humano em uma perspectiva materialista, social e histórica.

Para Vygotsky (1931/1995), o objeto de investigação da Psicologia é o sujeito histórico e seu método é o materialismo histórico e dialético. Para o autor, "[...] estudar algo historicamente significa estudá-lo em movimento no seu desenvolvimento histórico. Essa é a exigência fundamental do método dialético" (p. 6).

Entendemos que esse breve fragmento deflagra uma questão central para a formação de profissionais que atuam na promoção de desenvolvimento, na medida em que nos possibilita abordar o processo de desenvolvimento de uma forma revolucionária comparado aos modelos biologizantes e ambientalistas presentes na sociedade, ao levar em consideração a dimensão ontológica desse processo.

Em estudo anterior (FERRI, GOMES & BAZON, 2015) foi problematizado o dilema entre os (des)entendimentos das premissas do desenvolvimento humano. Pode-se constatar que essas premissas se dividem em duas posições: de um lado as teorias mecanicistas com enfoque na maturação biológica/fisiológica; e de outro, as teorias ambientalistas nas quais o sujeito interage e experimenta. Assim, o processo de desenvolvimento é caracterizado de uma forma ou de outra e não a partir de uma ação relacional. Entendemos que essas são as duas premissas muito frequentes nos currículos formativos quando o enfoque é o processo de desenvolvimento de crianças com deficiências, transtornos globais do desenvolvimento e altas habilidades/superdotação.

Essa oposição – ora genética (demandada por elementos internos do organismo), ora ambiental (demandada por elementos externos ao organismo) – desfavorece o processo de apropriação teórica dos profissionais em formação, que passam a enfocar, em sua formação e futura atuação, de um lado leituras descritivas da deficiência e, de outro, os recursos e metodologias, como campos e ações distintos e isolados.

Os mecanismos genéticos ditos "instintivos" que, ao que parece regulam as funções responsáveis da precoce autonomia do bebê no mundo animal, não operam no caso do bebê humano ou, pelo menos, não da mesma maneira. Com efeito, desde os primeiros instantes de sua existência, diferentes mecanismos culturais entram em ação e conferem às ações do bebê humano um caráter cada vez menos automático ou instintivo e cada vez mais imitativo ou deliberativo (PINO, 2005, p. 45).

Podemos apreender, então, que o desenvolvimento dever ser visto a partir da complexidade das relações das funções psíquicas, ou seja, do estabelecimento e análise das diferentes facetas e dimensões imbricadas no processo de desenvolvimento, no qual, a caracterização biológica, mental, cognitiva, não pode ser analisada separadamente, como se fosse um fator externo aos indivíduos ou como fatos determinantes de suas ações, traz uma nova compreensão ao processo de desenvolvimento dos sujeitos que passam a constituir e serem constituídos, simultaneamente.

Com isso, em nosso entendimento, essa é uma premissa teórica revolucionária para a compreensão do desenvolvimento humano. Não se trata de uma junção entre o interno e externo, mas sim o estabelecimento de uma relação recursiva e complexa, entre o organismo e o meio, entre o objetivo e o subjetivo, entre o afeto e a razão.

Vale ressaltar, no entanto, que a não distinção entre as perspectivas de compreensão do desenvolvimento dos sujeitos público alvo da Educação Especial/Inclusiva não se trata apenas de um equívoco teórico e conceitual dos profissionais. Os próprios programas de formação com o propósito de "contemplar os diferentes olhares" sobre o desenvolvimento aplicam, indistintamente, repertórios teóricos e conceituais divergentes sem que seus limites de interpretação sejam efetivamente discutidos e suas bases epistemológicas ficam negligenciadas.

Apropriar-se dos referenciais da Psicologia Histórico-Cultural, sobretudo na concepção de Vygotsky, é compreender o desenvolvimento humano como fruto das relações resultantes da mediação dos signos. As representações de si constituídas pelo sujeito são atribuições objetivadas pelos signos e internalizadas por meio das imagens transmitidas por outros indivíduos.

Outro aspecto fundamental nas análises propostas por Vygotsky é a perspectiva de que os estudos em Psicologia, mais precisamente o estudo dos processos psicológicos, deve ter como enfoque as relações complexas, para se definir as mais simples. Em suas palavras: "[...] trata-se de mostrar na esfera do problema que nos interessa como se manifesta o grande no pequeno" (VYGOTSKY, 1931/1995, p. 64).

De acordo com Souza e Andrada (2013), o autor evidenciou a indissolúvel unidade entre atividade individual, externa e interna, e atividade social (ou coletiva), postulando a dinâmica de internalização como a transmutação dos processos interpsíquicos em processos intrapsíquicos. A internalização, por sua vez, ocorre por meio da apropriação dos *signos*, que são, segundo Vygotsky (1925/2001), os mediadores semióticos das relações dos homens com a cultura humana e, consequentemente, constituintes centrais do desenvolvimento psíquico.

Dominar o entendimento de que as funções biológicas se transformam em funções sociais possibilita a compreensão de como o sujeito se transforma das dimensões naturais em dimensões históricas a partir de fatores e relações complexas e não a partir de uma simples transição orgânica.

> Todas as funções psicointelectuais superiores aparecem duas vezes no decurso do desenvolvimento da criança: a primeira vez nas atividades coletivas, nas atividades sociais, ou seja, como funções interpsíquicas; a segunda, nas atividades individuais, como propriedades internas do pensamento da criança, ou seja, como funções intrapsíquicas (VYGOTSKY, 2003, p. 14).

Com isso, a mediação é situada em outro patamar, como um processo complexo que demanda "um outro", aqui na figura do profissional que, a partir de uma relação direta com o sujeito e com a utilização de diferentes ferramentas e instrumentos, estabeleça um campo pleno de apropriação e desenvolvimento.

Compreendemos que, a partir dessa perspectiva, pode-se dizer que a principal contribuição da Psicologia Escolar/Educacional é estabelecer o diálogo entre os profissionais dos contextos educativos, abrindo a possibilidade de atuação com uma outra/nova base epistemológica de discussão sobre as dimensões do desenvolvimento humano.

Ação essa dimensionada em sua magnitude ao considerarmos o processo de escolarização de sujeitos com deficiências, transtornos globais do desenvolvimento e altas habilidades/superdotação, pois efetiva o entendimento de uma escola mais justa, que garanta o acesso, a permanência e, essencialmente, o desenvolvimento dos sujeitos.

Um segundo aspecto dentro das **contribuições metodológicas** trata-se do debate dos postulados da Defectologia, que possibilitam novas formas de interação com os sujeitos com deficiência, transtornos globais do desenvolvimento e altas habilidades/superdotação, como ação compensatória.

Situar o processo de desenvolvimento de crianças consideradas público-alvo da Educação Especial, a partir de análises complexas e recursivas, demanda a definição de um aporte teórico e conceitual consistente, e, a nosso ver, os pressupostos da Psicologia Histórico-Cultural, mais precisamente, a concepção da Defectologia, definida por L. S. Vygotsky, auxilia nessa tarefa.

As explicações teóricas que compõem a defectologia de Vygotsky possibilitam um avanço na compreensão do processo de desenvolvimento da criança com deficiência[3] enfocando a dupla função do defeito em seu desenvolvimento, ou seja, se por um lado a deficiência produz obstáculos biológicos no processo de apropriação histórico e cultural, por outro, cria demanda para o desenvolvimento de caminhos psicossociais compensatórios, trilhando caminhos de desenvolvimento de novos modos de funcionar para estabelecer o equilíbrio rompido, desse

---

3   À época da produção de Vygotsky não havia essa delimitação do público-alvo da Educação Especial, e seus estudos sobre a defectologia versaram sobre a deficiência intelectual, surdez e cegueira, majoritariamente. No presente trabalho, manteremos a expressão criança com deficiência, mas estendendo a todos os sujeitos público-alvo da Educação Especial.

modo, a educação direcionada a esses sujeitos deve estar baseada em suas potencialidades compensatórias (VYGOTSKY, 1983). De acordo com o autor, o processo de desenvolvimento psíquico da criança com deficiência obedece às mesmas leis gerais, no entanto, a análise da deficiência primária deve ser entendida a partir da sua relação com a deficiência secundária, como fonte de desenvolvimento e não como foco de diferenciação e limitação. Tal análise complexa e recursiva possibilita compreendermos o desenvolvimento não mais como um trajeto biológico imposto ao sujeito, mas como um processo de superação de suas próprias constituições.

> Por um lado, o defeito é uma deficiência e atua diretamente como tal, produzindo falhas, obstáculos, dificuldades na adaptação da criança. Por outro lado, exatamente porque o defeito produz obstáculos e dificuldades no desenvolvimento e rompe o equilíbrio normal, ele serve de estímulo ao desenvolvimento de caminhos alternativos de adaptação, indiretos, os quais substituem ou superpõem funções que buscam compensar a deficiência e conduzir todo o sistema de equilíbrio rompido a uma nova ordem. [...] o desenvolvimento cultural é a principal esfera em que é possível compensar a deficiência. Onde não é possível avançar no desenvolvimento orgânico, abre-se um caminho sem limites para o desenvolvimento cultural (VYGOTSKY, 2011, p. 869).

Pensar o processo de desenvolvimento não como a soma de habilidades (sejam eles auditivas, mentais, visuais, cognitivas), mas sim como funções que se retroalimentam, e que são situadas históricas e socialmente, possibilita um olhar para o sujeito a partir de suas reais condições de apropriação e desenvolvimento, e não mais a partir de elementos descritivos, estáticos e comparativos.

De acordo com tais postulados, a cultura origina formas especiais de conduta, criando novos níveis de desenvolvimento para o comportamento humano, sem que se modifique as funções biológicas do homem. Assim, ao ofertarmos aos profissionais que irão atuar ou atuam com sujeitos com deficiências, transtornos globais do desenvolvimento e altas habilidades/superdotação tais conhecimentos favorecemos um novo foco de análise, com enfoques culturais até então negligenciados pelas demais abordagens teóricas presentes no processo formativo.

Compreender que funções como percepção, atenção e memória, que em outras espécies são imediatas, isto é, diretas, não mediadas, e que no ser humano adquirem status de funções psicológicas superiores justamente em razão do papel mediador da linguagem (FERRI et al., 2015), é possibilitar aos profissionais um novo foco profissional, não como observador passivo ou manipulador ativo do ambiente, mas sim como agente mediador do processo de desenvolvimento da criança.

Essa acepção do meio como fonte de desenvolvimento confere importância primordial à formação, sobretudo por ser em espaços que ofertem conhecimentos sistematizados segundo uma lógica própria das disciplinas da ciência, a qual promove novos modos de pensar e agir sobre a realidade (GOMES & SOUZA, 2016), quando apropriados pelos sujeitos promovem novas reflexões sobre a prática. Esse entendimento demanda da Psicologia no campo da formação profissional que se constitua como um local central e estratégico na construção de novas concepções e ações sobre o desenvolvimento dos sujeitos com deficiência.

É possível dizer, então, com base na perspectiva Histórico-Cultural, que as funções superiores da criança com deficiência não são condicionadas ao defeito primário presente em sua caracterização biológica, favorecendo uma revisão efetiva nos aportes de entendimento da criança com deficiência, compreendida até então a partir da "subtração das funções perdidas em relação à criança normal" (VYGOTSKY, 2011, p. 869).

Pensamos que esses são aspectos que precisam estar presentes quando se propõe a realizar a formação, já que nos fundamentamos na ideia de que a formação é um processo em que há promoção de desenvolvimento de todos os envolvidos: o formador, o formando e aquele para quem se dirige a atuação do profissional.

Formação como promoção de desenvolvimento

> "Porque a cabeça da gente é uma só, e as coisas que há e que estão para haver são demais de muitas, muito maiores diferente, e a gente tem de necessitar de aumentar a cabeça, para o total".
> (*Grande Sertão Veredas*, Guimarães Rosa)

Ao nos propormos discutir as bases formativas para atuação com sujeitos com deficiência e/ou transtornos, evidenciamos que Psicologia Histórico-Cultural se apresenta como um aporte teórico efetivo, pois possibilita a análise da constituição do sujeito e das medições que sustentam esta constituição, assim tornando possível o desenvolvimento da consciência de si e do outro (SOUZA & ANDRADA, 2013), nas relações pessoais estabelecidas dentro ou fora do ambiente formativo, sobretudo ao contemplar o lugar das emoções na culminância do processo de humanização do indivíduo.

Em trabalhos anteriores (GOMES & CARDOSO, 2015; GOMES & SOUZA, 2015; GOMES et al., 2018), destacamos a versatilidade das significações configuradas pelos diferentes profissionais quanto aos espaços formativos, seja inicial ou continuado. No que se refere especificamente à discussão da formação para uma sociedade inclusiva, a compreensão da complexidade das relações de subjetivação vividas pelos sujeitos se revela como premissa básica, porém ainda pouco considerada nas pesquisas e estudos.

> Entendemos que os redirecionamentos das práticas educacionais não ocorrerão com a instrumentalização da proposta inclusiva, como tão bem divulgada, porém, extremamente ineficiente, ao vir considerar os agentes profissionais como reprodutores, sem dar-se conta que a configuração de afetos, parte de uma organização singular, que impulsionará, ou não, a tão divulgada busca por novas posturas profissionais (GOMES & CARDOSO, 2015, p. 149).

A nosso ver, essa busca se relaciona com a proposta trazida na epígrafe: "a gente tem a necessidade de aumentar a cabeça", ou seja, romper com o ciclo de explicações teóricas que rotulam, cristalizam e naturalizam os fenômenos dos espaços educativos, em particular aqueles referentes às demandas da educação especial. Para tanto, o processo de desenvolvimento demanda transformação do sujeito, ao implicar motivações mediadas por emoções, sentidos e significados; processo esse em que o mundo é filtrado para a sustentação e coordenação das ações humanas. No entanto, a dificuldade de se compreender tais elementos afetivos se dá pelo descompasso temporal entre emoção e pensamento (VYGOTSKY, 1925/2001).

É neste sentido que temos evidenciado, a partir dos estudos e pesquisas desenvolvidos no grupo de pesquisa Processos de Constituição do Sujeito em Práticas Educativas (PROSPED-PUC-Campinas), que o investimento em diferentes formas de se acessar os sujeitos faz-se cada vez mais imprescindível; e, para isso, temos lançado mão da arte como meio de intervenção na formação, atuação que vem contribuindo para o enfrentamento das questões que envolvem a temática da Educação Inclusiva/Especial, na medida em que coloca formador e formando como sujeitos ativos do processo – atores e autores.

A abertura que as expressões artísticas oferecem para a atribuição de significados e sentidos pelo sujeito é uma das justificativas para adotarmos a arte em nossas intervenções e pesquisas, visto que é na relação entre os sentidos (da ordem do privado) e os significados (do âmbito do público) que a reflexão emerge (SOUZA, 2016, p. 21).

Vale ressaltar que, com base em tais pressupostos, a arte não provoca apenas uma mera imitação dos afetos, mas sim potencializa a sua transformação, uma vez que tais emoções são do próprio sujeito, a partir de sua vida cotidiana. Assim, quando somos acometidos pela emoção na vida ou na arte, a emoção emerge numa trama e no âmago das relações sociais, e, portanto, possíveis de serem objetivadas.

Entendemos que a utilização da arte, como a música, as imagens, a dança, enquanto recurso favorecedor do desenvolvimento humano, se transforma em uma linguagem que pode vir a superar a alienação, infelizmente presente nos espaços educacionais e escolares, a partir das condições materiais oferecidas (SOUZA, 2016).

Os estudos contemplados no grupo de pesquisa PROSPED, a partir dos pressupostos da Psicologia Histórico-Cultural, e, mais precisamente, da discussão dos elementos afetivos potencializados pela utilização da arte nos espaços formativos, convergem na defesa de que as possibilidades de configuração de novos sentidos a partir das vivências desencadeiam reflexão sobre nossas próprias condições, requisito este para o processo de ampliação de nossas consciências (ANDRADA, 2016).

Imaginar, realizar e transformar:
a psicologia da arte mobilizando potência de ação na escola

Nas palavras de Dugnani, Venâncio e Neves (2016, p. 77):

> Considerar a dimensão ético-estética como objeto de aprendizagem na formação docente, inicial ou continuada, é privilegiar a capacidade de ampliar reflexões sobre o mundo e suas formas de vida, como sobre os outros com os quais convivemos e construímos a sociedade dos homens. A arte em seu caráter dialógico permite o exercício da alteridade de modo ampliado: espacial, temporal, social e como consequência do movimento dialético de constituição humana no indivíduo singular. De certo modo, trabalhar com as Artes em programa de formação dos atores escolares, professores, alunos e gestores é reaproximar a dimensão estética da dimensão epistemológica, é destacar o humano em sua trajetória de humanização, de aquisição de conhecimento, conscientização e reflexão crítica.

No entanto, tomando como base o cenário curricular dos cursos de formação, ainda fragmentados e focados em ações técnicas e padronizantes de compreender o desenvolvimento dos sujeitos, nos perguntamos como seria possível favorecer o processo de apropriação dos entendimentos da defectologia ou ainda do processo de apropriação das leis como campo de resistência social? Nos parece que avançar nesta discussão demanda sobremaneira avançarmos no entendimento das formas de significação, que envolvam para a além da leitura racional dos elementos, a disposição e envolvimento emocional, com formas mais criativas favorecendo tensões que potencializem a configuração de afetos ativos.

Entendemos que, para a construção de uma ação profissional sob a perspectiva inclusiva, como postulado pela PNEEPEI (BRASIL, 2008), tendo como fundamento os referenciais da Psicologia Histórico Cultural, em especial a apropriação das discussões sobre defectologia, buscando a transformação dos cenários metodológicos das práticas inclusivas, faz-se necessário situar os profissionais como sujeitos ativos na construção de uma ação profissional com base na "dimensão dialética da prática docente, a relação indissociável e intrínseca entre o saber e o fazer, o elaborar e o executar, entre a intelectualidade profissional e a excelência da atividade do cotidiano" (OLIVEIRA, 2010, p. 142).

Para tanto, também compreendemos que favorecer esse movimento dialético ação-reflexão-ação desses profissionais demanda um cenário que situe o profissional a partir de sua própria condição, como forma de se apropriar dos significados, reconhecer seus sentidos e ressignificar sua realidade, como possibilidade de ampliação de sua consciência, sobre si e sobre os outros.

Considerações finais

"Pense em quanto impulso
Vem de tudo ao seu redor, seu redor
Pense tudo quanto pode ser melhor, ser melhor"
(*Auto-reverse*, O Rappa)

Como anunciado ao longo do texto, este capítulo não tem a intenção de findar as discussões sobre as contribuições da Psicologia Escolar/Educacional para a formação profissional sob a perspectiva da inclusão, mas apresentar alguns elementos necessários ao debate, a partir de uma compreensão histórica, social, política e relacional que envolve o tema.

Pensamos ser possível dizer que estamos frente à reflexão levantada pela pergunta que inicia este texto: a quem a (re)formulação dessas políticas serve? A quais interesses elas atendem? Aqueles a quem essas políticas são destinadas têm sido alcançados e ouvidos? O que tem sido abordado na formação dos profissionais que atuam direta e indiretamente com os sujeitos da Educação Especial nos espaços inclusivos?

A reflexão proposta não desconsidera os importantes avanços políticos e legais que envolvem a discussão da Educação Inclusiva/Especial nos últimos vintes anos em nosso país, mas entende como fundamental problematizar as políticas e concepções teóricas e metodológicas para além de uma leitura racional e fragmentada. Entendemos que a reformulação das leis serve tanto para garantir o acesso de sujeitos aos direitos educacionais, como para nos alertar para o cenário de desigualdade e exclusão que ainda assola nossas instituições escolares e sociais, que pouco asseguram o direito de permanência e muito menos desenvolvimento dos sujeitos. Entendemos que este último elemento é que deve balizar a formação profissional, mais do que o reconhecimento das leis, precisamos favorecer uma formação que transforme a apropriação dessas leis pelos profissionais como instrumento de resistência e transformação da realidade.

No entanto, ainda em nosso entendimento a (re)formulação das políticas parecem mais alinhadas aos interesses políticos e legislativos a partir da proliferação das leis do que efetivamente na construção da garantia de um espaço escolar justo e democrático, com a transformação de realidades. De modo geral, o que ainda evidenciamos é que a garantia de acesso se transforma em indicadores nacionais favoráveis, no entanto, não deflagram as reais condições de vivência desses sujeitos.

Compreendemos que a dicotomia existente entre os postulados legais e políticos e a realidade vivenciada nas escolas impossibilita que aqueles a quem tais políticas deveriam alcançar sejam pouco contemplados efetivamente. Garantir que esse processo seja pleno é uma das formas de resistir e transformar a sociedade em nosso país e, para isso, nosso compromisso de debater as propostas inclusivas como argumentos políticos e documentais, para a implementação de contextos inclusivos que sejam reais e cotidianos. E esse é um passo que precisa ser dado na formação.

Nos perguntamos se a base dessas questões poderia ser derivada dos formatos ainda presentes na formação inicial e continuada impostos para a atuação com sujeitos com deficiências, transtornos globais do desenvolvimento e altas habilidades/superdotação; e, em muitos casos, evidenciamos que sim. O que temos percebido, ao longo de nossa experiência profissional como psicólogas formadoras de profissionais que atuarão com esses sujeitos, é que a superficialidade dos pressupostos que buscam explicar o processo de desenvolvimento humano impacta na opção de escolha por teorias deterministas, racionalizadas e pouco efetivas no reconhecimento e compreensão das dimensões históricas, sociais, econômicas e relacionais presentes no processo de desenvolvimento, principalmente, os vivenciados nos contextos educacionais.

Por outro lado, percebemos também que quando os postulados teóricos críticos sobre as abordagens de análise do desenvolvimento humano se mostram mais presentes nos espaços escolares são ainda definidos apenas como repertórios teóricos e conceituais, o que, em nosso entendimento, não possibilita o movimento efetivo de apropriação dos referenciais frente à hegemonia de outros modelos históricos presentes na constituição da Psicologia enquanto ciência, tornando-os apenas mais um olhar de contemplação do desenvolvimento, do que de fato um pressuposto que ampare novas práticas e atuações profissionais.

Assim, o que nossos diversos trabalhos apontam é que discutir as contribuições da Psicologia Escolar/Educacional para a formação profissional sob a perspectiva da inclusão demanda, acima de tudo, repensarmos alguns elementos: quem é esse profissional a ser formado? O que ele espera de sua futura atuação profissional? Que entendimentos tem ou pode vir a ter sobre a Sociedade e Educação em um país em que a desigualdade social é alarmante? Como compreende o processo educacional em uma escola ainda cercada de exclusão das mais variadas formas? Para isso, não vemos outra possibilidade a não ser a defesa de outros modelos formativos, dentre os quais destacamos a inserção da arte como uma ação intencional de promoção de desenvolvimento humano.

Compreendemos que essa pode ser a efetiva contribuição da Psicologia Escolar/Educacional na formação profissional, o desenvolvimento de um campo intencional que possibilite a deflagração de afetos e emoções, considerando a formação dos profissionais acima de tudo como uma ação promotora de desenvolvimento humano.

Referências

ANDRADA, P. C. (2016). A atividade de dançar como mediadora da reflexão de professores de ensino fundamental. In: V. L. T. Souza; A. P. Petroni & P. C. Andrada. *A Psicologia da Arte e a promoção do desenvolvimento e da aprendizagem*, pp. 45-62. São Paulo: Loyola.

ANDRADA, P. C.; PETRONI, A. P.; JESUS, J. S. & SOUZA, V. L. T. (2018). A dimensão psicossocial na formação do psicólogo escolar crítico. In: V. L. T. Souza; F. S. B. Aquino; R. S. L. Guzzo & C. M. Marinho-Araújo (orgs.). *Psicologia Escolar Crítica: atuações emancipatórias nas Escolas Públicas*, pp. 13-34. Campinas: Alínea.

DECLARAÇÃO MUNDIAL SOBRE EDUCAÇÃO PARA TODOS: Satisfação das Necessidades Básicas de Aprendizagem (1990). Jomtien:

UNESCO. Obtido em 27 de março de 2019. Recuperado de <https://unesdoc.unesco.org/ark:/48223/pf0000086291_por>.

DECLARAÇÃO DE SALAMANCA SOBRE PRINCÍPIOS, POLÍTICAS E PRÁTICAS EM EDUCAÇÃO ESPECIAL. (1994). Salamanca, UNESCO. Obtido em 27 de março de 2019. Recuperado de <http://portal.mec.gov.br/seesp/arquivos/pdf/salamanca.pdf>.

DUGNANI, L. A. C.; VENÂNCIO, M. M. R. & NEVES, M. A. P. (2016). O uso da música em contextos educativos: investimento na dimensão humana. In: V. L. T. Souza; A. P. Petroni & P. C. Andrada. *A Psicologia da Arte e a promoção do desenvolvimento e da aprendizagem*, pp. 63-80. São Paulo: Loyola.

FERRI, B. G.; GOMES, C. & BAZON, F. V. M. (2015). Teoria Histórico Cultural: premissas biológicas e problematizações socioculturais. In: C. Gomes (org.). *Educação, Sociedade e Teorias Pedagógicas: reflexões formativas*, pp. 119-130. São Paulo: Editora CRV.

GOMES, C. & CARDOSO, C. R. (2015). A intencionalidade relacional na educação inclusiva: desvelando os (des)afetos. In: C. Gomes (org.). *Educação, Sociedade e Teorias Pedagógicas: reflexões formativas*, pp. 143-154. São Paulo: Editora CRV.

GOMES, C.; DUGNANI, L. A. C. & RAMOS, V. R. L. (2018). Contribuições da Psicologia Escolar à Formação Inicial e Continuada de Profissionais da Saúde e Educação. In: V. L. T. Souza; F. S. B. Aquino; R. S. L. Guzzo & C. M. Marinho-Araújo (orgs.). *Psicologia Escolar Crítica: atuações emancipatórias nas Escolas Públicas*, pp. 125-142. Campinas: Alínea.

GOMES, C. & SOUZA, V. L. T. (2015). Os Sentidos da Inclusão Escolar: Reflexões na Perspectiva da Psicologia Histórico-Cultural a Partir de Um Estudo de Caso. *Psicologia: Teoria e Prática* (Impresso), v. 16, pp. 172-183. Obtido em 29 de janeiro de 2019. Recuperado de <http://pepsic.bvsalud.org/scielo.php?script=sci_arttext&pid=S1516-36872014000300013&lng=pt&tlng=pt>.

_____. (2016). O PIBID e a mediação na configuração de sentidos sobre a docência. *Psicologia Escolar e Educacional*, 20(1), pp. 147-156. <https://dx.doi.org/10.1590/2175-353920150201946>.

GUZZO, R. S. L. (2005). Escola Amordaçada: compromisso do psicólogo com este contexto. In: A. M. Martinez. *Psicologia Escolar e Compromisso Social*, pp. 17-29. São Paulo: Alínea.

LEI n. 8.069, de 13 de Julho de 1990 (1990). Dispõe sobre o Estatuto da Criança e do Adolescente e dá outras providências. Obtido em 25 de janeiro de 2019. Recuperado de <www.planalto.gov.br/ccivil_03/LEIS/L8069.htm>.

LEI n. 9.394, de 20 de dezembro de 1996 (1996). Estabelece as diretrizes e bases da educação nacional. Obtido em 25 de janeiro de 2019. Recuperado de <www.mec.gov.br/legis/zip/lei9394/sip>.

LEI n. 13.146, de 6 de julho de 2015. Institui a Lei Brasileira de Inclusão da Pessoa com Deficiência (Estatuto da Pessoa com Deficiência). Obtido em 25 de janeiro de 2019. Recuperado de <https://www2.senado.leg.br/bdsf/bitstream/handle/id/513623/001042393.pdf>.

MARTINEZ, A. M. (2005). Inclusão Escolar: desafios para o psicólogo. In: A. M. Martinez. *Psicologia Escolar e Compromisso Social*, pp. 95-114. São Paulo: Alínea.

MAZZOTA, M. J. S. (2010). Inclusão Escolar e Educação Especial: das diretrizes à Realidade das Escolas. In: E. G. Mendes, & M. A. Almeida. (orgs.). *Das margens ao centro: perspectivas para as políticas e práticas educacionais no contexto da educação especial inclusiva*, pp. 79-88. Araraquara: Junqueira & Marin.

MICHELS, M. H. (2006). Gestão, Formação Docente e Inclusão: eixos da reforma curricular educacional brasileira que atribuem contornos a organização escolar. *Revista Brasileira de Educação*. v. 11, n. 33, set/dez., pp. 406-423. Doi: <https://dx.doi.org/10.1590/S1413-24782006000300003>.

OLIVEIRA, A. A. (2010). Inclusão Escolar e Formação de Professores: o Embate entre o Geral e o Específico. In: E. G. Mendes & M. A. Almeida (orgs.). *Das margens ao centro: perspectivas para as políticas e práticas educacionais no contexto da educação especial inclusiva*, pp. 141-150. Araraquara: Junqueira & Marin.

PATTO, M. H. (1996). *A Produção do Fracasso Escolar*. São Paulo: T. A. Queiroz.

PIETRO, R. G. (2010). Políticas de Inclusão Escolar no Brasil: sobre novos/velhos significados para a Educação Especial. In: E. G. Mendes & M. A. Almeida. (orgs.). *Das margens ao centro: perspectivas para as políticas e práticas educacionais no contexto da educação especial inclusiva*, pp. 61-78. Araraquara: Junqueira & Marin.

PINO, A. (2005). *As marcas do humano: às origens da constituição cultural da criança na perspectiva de Lev. S. Vigotski*. São Paulo: Cortez.

PLACCO, V. M. N. S. & SOUZA, V. L. T. (2018). O que é formação? Convite ao debate e à proposição de uma definição. In: L. R. Almeida, & V. M. N. S. Placco (orgs.). *Coordenador pedagógico e seus percursos formativos*, pp. 9-16. São Paulo: Loyola.

Política Nacional de Educação Especial na Perspectiva da Inclusão (2008). Obtido em 25 de janeiro de 2010. Recuperado de <www.portal.mec.gov.br>.

Política Nacional de Saúde da Pessoa com Deficiência (2010). Secretaria de Atenção à Saúde. Departamento de Ações Programáticas Estratégicas. Brasília: Editora do Ministério da Saúde. Obtido em 29 de janeiro de 2019. Recuperado de: <http://bvsms.saude.gov.br/bvs/publicacoes/politica_nacional_pessoa_com_deficiencia.pdf>.

SOUZA, V. L. T. (2009). Educação, Valores e Formação de Professores: contribuições da psicologia escolar. In: C. M. Marinho-Araujo (org.). *Psicologia Escolar novos cenários e contextos de pesquisa, formação e prática*, pp. 133-152. São Paulo: Alínea.

_____. Contribuições da Psicologia à compreensão do desenvolvimento e da aprendizagem. In: V. L. T. Souza; A. P. Petroni & P. C. Andrada. *A Psicologia da Arte e a promoção do desenvolvimento e da aprendizagem*, pp. 11-28. São Paulo: Loyola.

SOUZA, V. L. T. & ANDRADA, P. C. (2013). Contribuições de Vigotski para a compreensão do psiquismo. *Estudos de Psicologia*, Campinas, 30(3), pp. 355-365. Doi: <http://dx.doi.org/10.1590/S0103-166X2013000300005>.

VYGOTSKY, L. S. (1983). *Fundamentos de Defectotogía*. Moscú: Editorial Pedagógica.

_____. (1995). *Problemas del desarrollo de la psique – Obras Escogidas – v. III*. A. Alvarez & P. Del Rio (dir.). pp. 11-340. Madri: Visor. (Obra original publicada em 1931).

_____. (2003). Aprendizagem e Desenvolvimento Intelectual na Idade Escolar. In: A. N. Leontiev; A. R. Luria; L. S. Vigotsky. *Psicologia e Pedagogia: Bases Psicológicas da Aprendizagem e do Desenvolvimento*. (Rubens Eduardo Frias, Trad.). São Paulo: Centauro.

_____. (2001). *Psicologia da arte*. 2a ed. (Paulo Bezerra, Trad.). São Paulo: Martins Fontes. (Obra original publicada em 1925).

_____. (2011). A defectologia e o estudo do desenvolvimento e da educação da criança anormal. *Educação e Pesquisa*, v. 37, n. 4, pp. 861-870. Doi: <http://dx.doi.org/10.1590/S1517-97022011000400012>.

CAPÍTULO 4

Práticas psicológicas no Ensino Médio público: refletindo sobre trabalho e futuro com adolescentes

Guilherme Siqueira Arinelli[1]
Vera Lucia Trevisan de Souza

Considerações iniciais

[Seção I – Da Educação] A educação, direito de todos e dever do Estado e da família, será promovida e incentivada com a colaboração da sociedade, visando o pleno desenvolvimento da pessoa, seu preparo para o exercício da cidadania e sua qualificação para o trabalho (BRASIL, 1988, Art. 205).

O acesso à educação é um direito previsto na Constituição Federal de 1988 e, portanto, destina-se a todos os brasileiros de forma universal. Contudo, quando olhamos para os dados da realidade brasileira, ainda identificamos muitos jovens alijados desse direito, sobretudo os pertencentes às classes sociais mais pobres da população. Promovida pelo Instituto Brasileiro de Geografia e Estatística, a Pesquisa Nacional por Amostra de Domicílios Contínua (PNAD), de 2017, indicou que a taxa de escolarização – concebida como a razão entre o número de matrículas e a população total na mesma faixa etária – entre jovens de 15 a 17 anos foi de 87,2% (IBGE, 2018).

Se por um lado observamos um contingente significativo de adolescentes fora da escola, por outro, parece haver uma perda de sentido dos que estão inseridos nela. No ensino regular – sobretudo o público

---

1   Pesquisa financiada pela agência CNPq.

estadual –, é comum ouvirmos queixas de manifestações de desinteresse, evasão e abandono dos alunos (BARBOSA, 2017; GRECCO, 2018; SOUZA, 2016). No Censo Escolar de 2018, desenvolvido pelo Instituto Nacional de Estudos e Pesquisas Educacionais Anísio Teixeira (INEP), foi possível observar a diminuição de 7,1% no número total de matrículas no Ensino Médio propedêutico no período de 2013 a 2017. A rede estadual, por sua vez, representa 68,4% (28.673) das escolas que oferecem esse ciclo de escolarização no país, atendendo oito de cada dez estudantes (84,7%) e concentrando 7,7 milhões de matrículas (INEP, 2019).

Segundo a Lei de Diretrizes e Bases nº 9.394/1996, o Ensino Médio é responsável por consolidar os conhecimentos e as habilidades básicas adquiridas pelos jovens em fases anteriores do período de escolarização, sendo de sua responsabilidade formar cidadãos capazes de se engajar na sociedade, por meio do ingresso no Ensino Superior ou no mercado de trabalho. Contudo, frente a tantos dados críticos, passamos a nos questionar sobre o papel que a escola tem ocupado na vida dos jovens e se, enquanto instituição social, ela tem conseguido cumprir com as finalidades indicadas no Artigo 205 da Constituição Brasileira a que se dedica a educação: (a) desenvolvimento pessoal, (b) exercício da cidadania e, (c) qualificação para o trabalho.

Ao direcionarmos o olhar para o contexto mais amplo, identificamos dados alarmantes do Índice de Desenvolvimento da Educação Básica (Ideb[2]), atualizado em agosto de 2018, que demonstram que a média obtida por alunos do Ensino Médio de todo o território brasileiro permaneceu em 3.7 entre 2011 e 2015 e subiu para 3.8 em 2017, ficando aquém da meta de 4.7 estipulada para o ano. Sendo assim, o baixo desempenho escolar, associado ao absenteísmo crescente dos alunos, nos leva a refletir sobre as possibilidades de futuro desses jovens que estão em vias de dar prosseguimento em suas vidas, estudando ou trabalhando.

Sabemos que o contexto escolar abrange uma complexa rede de relações e que, atualmente, os conflitos presentes nas instituições per-

---

2   Criado em 2007, o Ideb é uma ferramenta para o acompanhamento das metas de qualidade do Plano de Desenvolvimento da Educação. O índice varia de 0 a 10 e reúne, em um indicador, os resultados do fluxo escolar, obtidos no Censo Escolar, e as médias de desempenho nas avaliações do Inep. O Ideb, portanto, é um importante condutor de políticas públicas para a qualidade da educação <(http://portal.inep.gov.br/ideb)>.

meiam todos os grupos e instâncias educacionais, da relação aluno-aluno e aluno-professor, nas salas de aula, às relações entre gestores, diretores, familiares e sistema de ensino. Por isso, apesar da escola se caracterizar como um espaço coletivo, percebemos que muitos dos conflitos que a permeiam se pautam na culpabilização do outro e na falta de espaços de diálogo, dificultando a promoção de novas significações que poderiam resultar em diferentes modos de relação (SOUZA, PETRONI & DUGNANI, 2011; BORDIGNON & SOUZA, 2011).

Frente a esse cenário, passamos a nos questionar em que medida a escola, enquanto instituição responsável por promover o desenvolvimento dos sujeitos transmitindo a eles os conhecimentos historicamente produzidos pela humanidade, tem possibilitado novas vivências capazes de ampliar a percepção dos jovens sobre a própria realidade, atual e futura, e formar sujeitos mais críticos e capazes de agir. O presente capítulo visa refletir sobre essa questão na medida em que apresenta um recorte dos resultados obtidos em uma pesquisa-intervenção de mestrado, de natureza qualitativa, que teve por objetivo investigar o potencial de ações do psicólogo na escola pública que se constituem como promotoras de reflexões sobre o mundo do trabalho e o futuro (ARINELLI, 2017).

Vinculada ao grupo Processos de Constituição do Sujeito em Práticas Educativas (PROSPED), a base teórico-metodológica adotada na pesquisa foi a Psicologia Histórico-Cultural, fundamentalmente os pressupostos desenvolvidos por Vygotsky. Há mais de uma década o PROSPED vem desenvolvendo estudos no campo da psicologia escolar e educacional e a presente pesquisa associou-se ao projeto mãe desenvolvido no biênio 2016-2017, intitulado "A psicologia escolar no enfrentamento da indiferença na escola: práticas interventivas mediadas pela arte".

Contribuições da Psicologia Histórico-Cultural à compreensão do desenvolvimento da adolescência

As proposições de Vigotski e da Psicologia Histórico-Cultural, que sustentaram o desenvolvimento do presente trabalho, nos levam a ampliar o olhar sobre a adolescência. Isso, porque dessa perspectiva o meio configura-se enquanto fonte de desenvolvimento, concebendo sujeito e meio como partes integrantes e interdependentes, onde um não é possível sem o outro (VYGOTSKY, 1935/2010).

Nesse sentido, supera-se a concepção "biologizante" de adolescência, que de forma limitante naturaliza esse período do desenvolvimento – como se fosse apenas fruto de um processo contínuo de maturação biológica – e atribui qualificações perenes ao jovem, classificando-o, independentemente do seu contexto histórico e cultural, como sempre rebelde, desafiador, agressivo, irreverente, etc. (BORDIGNON, 2015). Para Vygotsky (1934/2012), a adolescência é um período de crises, porém não no sentido negativo conforme compreendido no senso comum, mas, sim, porque se engendra em um momento em que a experiência que se tem disponível da infância já não responde às novas demandas do meio social e nem às demandas internas que vão se constituindo a partir da interação com o meio.

A "crise" que se costuma associar à adolescência nada mais é que a formação do organismo e do cérebro adultos e o antagonismo entre a subjetividade pura da imaginação e a objetividade dos processos racionais. Essas relações antitéticas são, para Vygotsky, o que define a idade de transição como crítica (MONTEZI & SOUZA, 2013, p. 79).

É neste período de transição que se revela uma nova organização da personalidade. Ao se modificar e complexificar, o sujeito atinge, interna e externamente, um momento decisivo de sua vida: "decidir a sua vocação e escolher uma profissão, como, finalmente, se configuram as peculiares formas de vida, as estruturas peculiares da personalidade e da concepção de mundo do adolescente" (VYGOTSKY, 1934/2012, p. 174 – *tradução nossa*).

Com o desenvolvimento das funções psicológicas superiores, o sujeito ganha maior capacidade de se desprender do empírico e passa a operar em formas mais abstratas de funcionamento (BARBOSA, 2017). Por isso, para Vygotsky (1930/2009), as funções que assumem prevalência no período da adolescência são duas: o pensamento e a imaginação. Segundo o autor, a partir da construção de novos nexos, altera-se o modo como as funções psicológicas se conectam e se relacionam, promovendo a configuração de novos sentidos e significados que resultam em diferentes modos de agir e compreender o mundo, o outro e a si mesmo.

Na adolescência, instigadas pela interação com as novas demandas do meio, transformam-se qualitativamente as relações entre as funções psicológicas. É nesse momento, por assim dizer, que o adolescente consolida o processo de formação de conceitos, compreendido como o nível mais complexo e abstrato de atividade intelectual (VYGOTSKY, 1934/2012). Pensar por conceitos significa ter a capacidade de operar generalizações a partir de um sistema organizado pela mente, realizar sínteses segundo a compreensão entre causa e efeito, as partes e o todo, o princípio e a consequência (KOSHINO, 2011).

A imaginação, por sua vez, atrelada ao pensamento, cria as condições necessárias para o sujeito transitar entre as experiências passadas, compreender o presente e planejar ações futuras (VYGOTSKY, 1930/2009). Ao (re)combinar elementos da experiência, a imaginação cria novas possibilidades de relação e de desenvolvimento. Por isso, quando o adolescente passa a vivenciar novas situações, afetos e emoções, que não diziam respeito à sua realidade direta, ele lança mão de processos imaginativos – concretizados via ato criativo – para ressignificar a sua relação com o meio e transformar a si mesmo ao mesmo tempo em que transforma o contexto (BARBOSA, 2017).

Por isso, Vygotsky (1930/2009) defende a concepção de que a imaginação é histórica, por utilizar como material não apenas a experiência empírica de cada sujeito, mas também os conhecimentos historicamente produzidos pela humanidade disponíveis na cultura, veiculados por diferentes meios, entre eles, a educação formal oferecida nas escolas. A imaginação, ao assumir qualidade de superior e realizar uma livre combinação dos elementos da experiência, exige, necessariamente, a liberdade de nexos e generalizações que somente está disponível aos que dominam a formação de conceitos (VYGOTSKY, 1934/2012).

Eis que, pela combinação destas duas funções, integradas ao sistema psicológico, o adolescente torna-se capaz de significar elementos da vida social que antes lhes eram alheios, como: eventos sociais, políticos, econômicos; além de perceber-se como parte integrante da sociedade (BARBOSA, 2017). Essa maior capacidade de abstração configura-se, portanto, como elemento central nos processos de ensino-aprendizagem presentes nos contextos escolares.

Em nossas intervenções, buscamos lançar mão de diferentes expressões artísticas, como filmes, fotografias, poemas, músicas, entre outros, para afetar os sujeitos e promover um olhar crítico sobre a realidade, tomando o contexto em que estamos inseridos como fruto de uma configuração dinâmica, histórica e social, passível de transformação. Dessa forma, tivemos como horizonte expor as contradições e tensionamentos inerentes nas relações cotidianas, intra e extracontexto escolar, a fim de provocar dramas e produzir novas significações sobre o meio. As manifestações dos estudantes, nos encontros realizados como parte da pesquisa de mestrado descrita a seguir, por sua vez, expuseram diferentes formas de pensamento, que ao serem compartilhadas, configuraram um espaço de fala e escuta.

Método

Inspirados no método proposto por Vygotsky (1935/2010), que pressupõe a análise do processo e não do produto, a pesquisa em questão tomou por objeto de investigação o fenômeno em movimento, o qual inclui o contexto, a historicidade, a manifestação, a aparência e a busca pelas condicionantes dos fatos ou eventos investigados. É pela via de análise das contradições que emergem na movimentação do fenômeno que se torna possível acessar tais condicionantes e, por isso, a pesquisa-intervenção tem sido um meio de promover essa dinamicidade aos contextos investigados em diferentes trabalhos desenvolvidos pelo grupo PROSPED (DUGNANI, 2016; BARBOSA, 2017; TAKARA, 2017; REIS, 2019).

Trata-se de uma unidade de contrários – pesquisa-intervenção –, de inspiração materialista histórico-dialética (SOUZA, PETRONI & DUGNANI, 2011). Enquanto as intervenções desvelam os processos constitutivos da adolescência, as condicionantes das vidas dos jovens, os significados e sentidos que atribuem ao contexto, à escola, ao trabalho, à profissão; a pesquisa constrói modos de interpretar e se apropriar dessas informações, possibilita a análise do que é acessado e interfere na reorganização da intervenção. O movimento de alternância, portanto, é necessário, em que ora a pesquisa assume prevalência, ora a intervenção. De modo incessante, se produz sínteses como momentos de sistematização do vivido e do refletido (BARBOSA, 2017; TAKARA, 2017).

A escola, onde a presente pesquisa foi desenvolvida, pertence à rede estadual de ensino de São Paulo e está localizada em um município do interior do estado. A mesma atendia cerca de 1.500 alunos, separados em três turnos de aulas – matutino, vespertino e noturno – em anos do Ensino Fundamental II e Médio. Para as intervenções, contamos com a participação de estudantes de três turmas do 1º ano do Ensino Médio, sendo uma do período matutino e, outras duas, do período noturno. A primeira reunia uma média de 30 alunos e as outras duas, 35.

O período de atividades com as três turmas foi de abril a novembro, com um mês de interrupção para férias escolares. No total, foram realizados 18 encontros de uma hora e 40 minutos, com a turma da manhã e, 16 encontros, com duração média de uma hora e 30 minutos, com cada uma das turmas do período noturno. A cada encontro foi utilizado um tipo de expressão artística, incluindo músicas, filmes, fotografias, poemas, imagens, literatura, entre outros, por compreender a capacidade da arte em acessar a subjetividade dos sujeitos (SOUZA, PETRONI & DUGNANI, 2011; SOUZA, DUGNANI & REIS, 2018).

Durante todo o período de intervenções foram produzidos diários de campo que continham a descrição do ambiente, das atividades desenvolvidas, das falas dos alunos e a própria experiência do pesquisador. No total, foram produzidos 50 diários de campo durante o desenvolvimento da pesquisa. Contudo, para o presente capítulo, com a finalidade de refletir sobre como a escola tem ou não possibilitado novas vivências capazes de ampliar a percepção dos jovens sobre a própria realidade, atual e futura, e formar sujeitos mais críticos e capazes de agir, foram selecionados cinco diários de campo que melhor se relacionavam à questão.

Os dados foram organizados a partir das informações contidas nos diários de campo e nas transcrições de falas dos alunos e das professoras-parceiras, que disponibilizavam suas aulas uma vez por semana para a realização das intervenções. Durante as atividades, observações de gestos, expressões e outras manifestações que serviam de indicadores às emoções, sentimentos e pensamentos dos sujeitos, também compuseram os relatos em diários de campos e, portanto, serviram como fonte de informação para análise. Por fim, incluíram-se as produções desenvolvidas pelos alunos ao longo dos encontros, tais como desenhos e textos.

O movimento de análise, que surge do todo em direção às partes, resulta na significação dos elementos presentes nos dados reunidos pela interpretação do pesquisador (GONZALEZ REY, 2001). Por isso, inicialmente, foram identificadas e organizadas todas as informações em temas, seguido por leituras recorrentes que nos auxiliaram a identificar as contradições presentes no campo, entre as falas, as ações e a configuração do espaço. A seguir, apresentaremos alguns dos resultados obtidos ao longo de todo esse processo, em conjunto com reflexões e análises realizadas a partir do contato com os dados levantados[3].

Resultados e Discussão
Ações promotoras do (des)interesse na escola

> Durante a aula da professora, quando já estávamos quase no meio da correção dos exercícios da prova, [a professora] olhou para [um aluno] sentado em uma carteira no meio da sala. Ele estava com o material fechado em cima da mesa e olhava para lousa. A professora interrompeu a explicação e chamou a atenção do aluno, seu tom era intimidador [...]. O garoto não se assustou e respondeu: "Por que você fica pegando no meu pé? Tem um monte de gente que também não está fazendo nada". Ambos começaram a discutir, até que [a professora] o chamou para fora da classe e o levou à diretoria (ARINELLI, 2017, p. 52).

A descrição acima indica um dos conflitos, entre professores e alunos, que aparentemente se tornou comum dentro das instituições escolares. Se por um lado os alunos se mostram distantes e desinteressados frente aos conteúdos escolarizados, por outro, os professores buscam exercer o controle das relações, abrindo pouco espaço para o diálogo, configurando uma constante disputa de poder dentro das salas de aula. Conforme apontou Takara (2017), quando observamos com mais cuidado as interações entre professores e alunos, podemos identificar o medo como sentimento central da relação. A transgressão dos jovens,

---
3 Os nomes dos participantes mencionados são fictícios.

portanto, teria como cerne a revolta – em contrapartida ao medo – ao mesmo tempo em que, por parte dos professores, estariam as dificuldades em se aproximar e de significar as expressões dos alunos.

A partir disso, passamos a refletir sobre como o próprio modo de organização da instituição poderia ser promotor da produção do desinteresse dos alunos e dos educadores. Se assumirmos que a *aproximação* e a *curiosidade* são os primeiros passos, não apenas para o processo de ensino-aprendizagem, mas para a construção de espaços de fala e de escuta, reflexão e construção do devir, podemos nos questionar sobre qual seria o papel que a escola estaria desempenhando na vida desses jovens (ARINELLI, 2017). Afinal, compreendemos, em consonância com a Constituição Federal de 1988, que a educação e, portanto, a escola enquanto instituição responsável por esse processo, deveria promover o desenvolvimento integral dos sujeitos, investindo em um modo de pensar mais crítico, que favorecesse a formação de indivíduos mais conscientes de seu papel na sociedade.

O *respeito*, por sua vez, também se apresenta como um valor integrante no processo de *reconhecimento* do outro e construção de autoridade (SOUZA, 2004). Ao respeitá-lo, reconheço-o, ao reconhecê-lo, respeito-o. No movimento dialético, em que um afeta ao mesmo tempo em que é afetado, constitui-se a natureza das relações sociais que compõem o movimento de tornar-se humano. Portanto, o inverso também soa verdadeiro, quando o afastamento, o desrespeito e o não reconhecimento do outro parecem produzir a indiferença, o desinteresse e a não participação.

Com a aproximação, identificamos também manifestações de curiosidade e *disponibilidade*. Em uma intervenção realizada logo após o primeiro período de observações, propus-me a contar aos adolescentes a minha história de vida[4]. Momentos antes de começar, quando todos já estávamos sentados em círculo, observei que os alunos "pareciam curiosos para saber o que iríamos fazer [...] Ao perceber a atenção da turma em mim, perguntei: 'posso começar?'. Em uníssono, todos afirmaram que sim. O silêncio indicava uma expectativa" (ARINELLI, 2017, p. 57). Identificamos aqui, portanto, a manifestação e a produção do interesse mobilizadas pela curiosidade. Ao perceber o movimento

---

4 Manifestações em primeira pessoa referem-se ao psicólogo-pesquisador autor da pesquisa, Guilherme Siqueira Arinelli.

dos alunos, coloquei-me disponível a eles, construindo a minha ação ao mesmo tempo em que me aproximava. A implicação, manifestada na minha prática, com o passar do tempo, passou a ser reconhecida tanto pela professora, quanto pelos alunos. As relações com o meio, portanto, passam a se reconfigurar e possibilitam a construção de uma relação de maior implicação, curiosidade, reconhecimento, respeito, e reflexão, que movimentam a fala e a escuta nos encontros. É precisamente nesse movimento que reconhecemos o que Vygotsky (1935/2010) denomina de Situação Social de Desenvolvimento, capaz de gerar vivências que passam a (re)compor o modo como o sujeito percebe e age no meio.

Dentre as atividades propostas, esteve a apreciação do filme "Tudo o que aprendemos juntos", de 2015, dirigido por Sérgio Machado. Após a exibição da primeira parte do longa-metragem, nos organizamos em círculo e perguntei a todos o que haviam achado. Conforme as respostas foram sendo manifestadas, percebi haver uma *identificação* dos alunos com os temas apresentados no filme, como: a adolescência, a frustração, os relacionamentos, a pobreza, o dinheiro, a falta de recursos, a violência, a escola pública e as drogas.

O contato com esses temas, mediado pela estética do longa-metragem e a discussão que se seguiu, promoveu a reflexão dos adolescentes sobre a própria realidade, ampliando o questionamento para temas que não estavam contidos propriamente no filme, conforme explicitado no diário de campo: "O debate estava acalorado, vários alunos falavam ao mesmo tempo, Joana levantou o braço e comparou o rendimento dessas profissões com um cantor de funk. Vicente, rindo, comentou a fala de Joana: 'tá louco, pra que eu vou fazer faculdade?'" (ARINELLI, 2017, p. 60). Eis aqui um exemplo do que Vygotsky (1925/1999) apontou quando discorreu sobre a possibilidade de a arte produzir algo que ainda não está contido nas propriedades do material.

Utilizando-nos das palavras de Duarte Jr. (1986), ao entrarmos em contato com uma produção artística somos levados a vivenciar uma "experiência estética", em que colocamos o nosso cotidiano em suspenso para que sejamos capazes de apreciar a obra. Para o autor, o que está no cerne de dada experiência é a emoção. Surge, então, a possibilidade de se viver outros mundos por meio da arte. O que é, por definição, oposto ao que se entende por "experiência pragmática", que rege a maior parte das relações sujeito-objeto em nosso cotidiano e nos contextos escolares.

Ao observamos as reflexões propostas pelos adolescentes e a discussão gerada, alinhamos a nossa compreensão com Takara (2017), quando defende que "a conduta dos alunos não se fixa em posicionamentos estáticos, mas alternam dialeticamente a depender de suas possibilidades de expressão e das condições propiciadas pelo meio" (p. 69).

Pela arte, investimos na desnaturalização da concepção de um jovem que é desinteressado e indiferente, agressivo e rebelde, construímos, assim, um novo modo de conceber as interações e o espaço escolar.

Ao darmos continuidade às intervenções no segundo semestre, após o período de férias escolares de julho, surgiu a proposta de levarmos até a escola profissionais de diferentes áreas que pudessem compartilhar as suas histórias de vida e que compusessem novos espaços de fala e escuta com os adolescentes. Quando questionamos os alunos sobre quais profissionais eles gostariam de conhecer melhor, percebemos uma prevalência das carreiras consideradas "tradicionais", como medicina, engenharia e advocacia. Contudo, também identificamos a presença de profissões que permeavam o cotidiano e/ou eram consideradas como caminhos possíveis à ascensão social pelos jovens daquele contexto: designer, jogador de futebol e oficial das forças armadas.

Observamos, nesse caso, o uso da imaginação e a sua relação direta com a experiência de vida dos sujeitos (VYGOTSKY, 1930/2009), compondo, portanto, os dois pontos manifestados pelos adolescentes: (1) a curiosidade pela carreira de profissionais presentes em seu cotidiano e (2) a idealização de profissões com prestígio social. Uma vez que não havíamos colocado nenhuma restrição às profissões que poderiam ser indicadas, nos questionamos o porquê de os adolescentes apontarem tais profissões como as de maior interesse.

Quando analisamos as produções dos alunos, fruto de uma das intervenções em que pedimos que expressassem em uma folha sulfite, utilizando-se de diferentes riscadores – lápis grafite, lápis de cor, canetinha, giz de cera, giz pastel – o que era trabalho, notamos que o conceito ilustrado pelos jovens dessa pesquisa esteve diretamente associado ao esforço da atividade prática, em contraponto ao intelectual. Além de enfatizarem uma leitura pragmática do mundo do trabalho que se servia à finalidade específica de ganhar dinheiro[5]. Vygotsky (1935/2010) defende que toda atividade humana envolve esforço, porém, o sentido dessa palavra para os alunos pareceu caminhar para a direção oposta à do autor. Associadas a uma perspectiva compartilhada pela ideologia neoliberal, as produções indicaram uma concepção individualizada, em que basta o sujeito desejar e trabalhar que ele atingirá a liberdade e o reconhecimento profissional, conforme ilustrado pelas frases que compuseram as produções dos alunos Danilo, Thiago e Ricardo (ARINELLI, 2017): "Esforço e dedicação. Quanto mais dedicação haverá mais 'reconhecimento'!" (p. 68), "Trabalho na minha opinião é mais uma conquista que você alcançou com muito esforço e também é uma forma de 'liberdade', porque você vai poder administrar o seu dinheiro e não vai depender dos outros" (p. 69) e "Fale menos, trabalhe mais! Quem muito fala, pouco faz" (p. 70).

Além do esforço, da dedicação e do reconhecimento como consequência quase natural dos dois primeiros, também destacamos o significado e o sentido implicados nos usos da palavra "liberdade". Vygotsky (1930/2004), na relação entre trabalho e liberdade, afirmou que do ponto de vista do desenvolvimento do psiquismo, o trabalho é a atividade que liberta o homem. Contudo, nas produções, essa palavra pareceu estar mais relacionada ao poder de compra e à independência financeira. Podemos pensar que esse é o horizonte que se apresenta quando contextualizamos o meio em que esses estudantes estavam inseridos, onde a educação e o trabalho apresentam-se como promessas para se conquistar melhores condições de vida, com maior conforto e bens materiais.

Ao relacionarmos o conceito do trabalho aos profissionais apontados como de maior interesse pelos estudantes, começamos a compreender que, aparentemente, a possibilidade de aumento de poder de consumo configurava-se como um dos principais fatores de decisão sobre uma determinada carreira ou futuro profissional. Contudo, esse desejo parece se sustentar em uma visão fantasiosa de futuro que oscila

---

5   Para mais detalhes e informações, acessar: Arinelli, G. S. (2017). *A psicologia escolar no Ensino Médio público: refletindo sobre trabalho e profissão com adolescentes*. Dissertação de Metrado, Programa de Pós-Graduação em Psicologia, Pontifícia Universidade Católica de Campinas. Campinas, São Paulo.

entre o fatalismo de uma vida que parece estar pré-determinada e uma certeza de que basta ter a vontade para que tudo aconteça.

Ao percebermos este movimento, em que o trabalho e a atividade profissional ocupam as dimensões da fantasia e do idealizado, investimos na construção de um processo reflexivo sobre o mundo do trabalho, o futuro e as relações dos jovens com as profissões. Visamos a construção de um devir, a ampliação da consciência e a apropriação das próprias condições de vida.

Portanto, na interação entre os profissionais convidados e os adolescentes, tivemos como finalidade aproximar o imaginado da realidade empírica pela construção do devir, possibilitando a desconstrução de idealizações fantasiosas sobre as carreiras e o mundo do trabalho. Nos trechos a seguir, observamos dois momentos distintos que ilustram esse movimento: o primeiro, quando os grupos de alunos estão planejando as perguntas que pretendem fazer aos profissionais que virão nas semanas seguintes; e o segundo, quando o sargento do exército, profissão escolhida pelos alunos, está em sala, desenvolvendo a sua apresentação.

[...] "Se o sargento estivesse aqui, qual seria a primeira pergunta que vocês fariam a ele?", questionei os rapazes reunidos no grupo. Com a conversa, as questões foram, pouco a pouco, surgindo: "será que ele já foi para a guerra? Será que ele já matou alguém? Ele tem alguma formação acadêmica?", diziam de forma empolgada. Me surpreendi com as perguntas, pois, apesar de os adolescentes afirmarem que já sabiam tudo sobre a carreira militar, ainda assim conseguimos construir questões que não estavam claras para eles [...] Fiquei a maior parte do tempo com o grupo que gerava perguntas ao oficial do exército, porém, quando percebi que estávamos terminando o período de intervenção, pedi licença e fui conversar com os outros dois grupos. Ao me aproximar, percebi que ambos tinham formulado muitas perguntas, as questões estavam bem elaboradas, eram contextualizadas, pertinentes com a proposta das visitas, fugiam do senso comum e se relacionavam a desafios, formação e futuro (ARINELLI, 2017, p. 78).

Assim que entramos na sala, os alunos começaram a apontar para o sargento e me perguntar quem ele era e com o que trabalhava. No instante em que lhes disse a sua função no exército, os olhos dos meninos se arregalaram: "sério?", disseram surpresos. Antes mesmo que a atividade começasse, Fabiano e outros garotos se aproximaram para começar a fazer perguntas e contar sobre seus parentes que também serviam a carreira militar [...] Durante a atividade, a todo momento um aluno erguia a mão para expor alguma dúvida, a relação de respeito foi evidente, eles não verbalizavam diretamente as suas questões, primeiro levantavam a mão e depois prosseguiam com a fala. Enquanto o sargento estava falando, eles permaneciam com as mãos erguidas ou abaixavam e depois tentavam novamente [...] Os alunos estavam agitados, mas pude perceber que apesar da constante conversa paralela, diferentemente de outras situações, eles conversavam sobre os vídeos exibidos ou sobre a própria fala do profissional (ARINELLI, 2017, pp. 78-79).

No primeiro trecho, percebemos a importância do outro no uso da imaginação, uma vez que foi no espaço de atividade coletiva que se tornou possível construir um planejamento capaz de antever o desenvolvimento da ação futura. Ao refletirmos sobre esse trecho, voltamos a questionar sobre o modo como a maioria das atividades nos contextos escolares se organizam e no modo como o cenário está configurado. Enquanto construção social, o espaço escolar se configura como produto e produtor das interações e tensionamentos que o permeiam e, portanto, ao identificarmos nas escolas o excesso de muros, grades, portões, portas, trancas e cadeados, percebemos que eles se constituem como elementos simbólicos compartilhados pelos sujeitos que ali se encontram (TAKARA, 2017).

Com a atividade proposta, os adolescentes passaram a antever como poderia ser a visita dos profissionais, planejando a própria ação. Já no segundo momento, observamos a reação dos estudantes frente ao sargento. Fabiano e outros colegas foram afetados pela presença do profissional, o que lhes proporcionou um novo modo relação com o espaço.

Portanto, os resultados e análises que ora apresentamos parecem se constituir como uma estratégia viável de atuação do psicólogo escolar, demonstrando como a escola e os seus atores podem investir em espaços de fala e escuta que promovam novas vivências aos alunos. Compreendemos que, assim, é possível ampliar a percepção dos jovens sobre a própria realidade e transformar o seu modo de ser e agir no mundo.

Conclusão

Os resultados apresentados neste capítulo, em consonância com Vygotsky (1934/2012), nos mostraram que o interesse se desenvolve nas interações mediadas por elementos como a curiosidade, a aproximação, a disponibilidade, o respeito, a implicação e o reconhecimento. Esta conclusão, por sua vez, nos ajuda a refletir não apenas sobre o interesse e o envolvimento dos adolescentes em relação ao conhecimento escolarizado, mas também sobre a concepção que eles têm sobre a própria realidade e o futuro.

A educação, enquanto prática social promotora do desenvolvimento humano, demanda a participação de toda a sociedade para a superação dos problemas que aportam na escola. É nesse sentido que percebemos a falta de contribuições de outros profissionais e áreas do conhecimento nos contextos escolares, visto que as demandas se complexificaram e extrapolaram a dimensão do ensino-aprendizagem para os campos do afetivo, ameaçando não somente as relações escolares e o desenvolvimento de alunos e professores, mas também o próprio processo de desenvolvimento de funções psicológicas[6].

Concluímos, portanto, que o modo como a escola se organiza atualmente parece não favorecer a construção de espaços de fala e escuta promotores de novas vivências e do pensamento crítico dos alunos. Porém, quando investimos em intervenções que têm no cerne o desen-

---

6   E nesse momento em que as escolas retornam às aulas presenciais, após quase dois anos de fechamento em decorrência da epidemia do Coronavírus, quando muitos dos estudantes de escolas públicas não tiveram condições materiais para acompanhar o ensino remoto, essa situação agravou-se ainda mais. São necessárias e urgentes ações e políticas que atendam a essas e novas demandas da educação básica.

volvimento da imaginação, como a apreciação e discussão de materialidades artísticas e a construção de oficinas com profissionais convidados, passam a se configurar importantes mobilizadores da reflexão crítica dos jovens sobre as suas próprias condições de vida e o futuro. O uso de diferentes expressões artísticas com determinada intencionalidade, portanto, mostrou-se como potente instrumento de ação do psicólogo, capaz de produzir reflexões e configurar novos modos de agir. A arte, por ser uma ação que coloca o sujeito para pensar em um outro plano, que não o pragmático característico do cotidiano, abre horizontes, agiliza a imaginação e favorece a construção de uma visão mais ampliada do mundo atual e dos caminhos futuros. Construímos, assim, uma prática comprometida com a transformação social na medida em que buscamos promover a capacidade de ação do sujeito através da elaboração de um olhar crítico sobre a realidade e compreendendo-o como protagonista de sua própria história.

Referências

ARINELLI, G. S. (2017). *A psicologia escolar no Ensino Médio público: refletindo sobre trabalho e profissão com adolescentes*. Dissertação de Metrado, Programa de Pós-Graduação em Psicologia, Pontifícia Universidade Católica de Campinas. Campinas, São Paulo.

BARBOSA, E. T. (2017). *Os "donos da imaginação": a contação e produção de histórias promovendo o interesse e a participação de adolescentes em atividades escolares*. Tese de Doutorado, Programa de Pós-Graduação em Psicologia, Pontifícia Universidade Católica de Campinas. Campinas, São Paulo.

BORDIGNON, J. C. (2015). *Psicologia e adolescência: o que revelam as pesquisas?*. Dissertação de Mestrado, Programa de Pós-Graduação em Psicologia, Pontifícia Universidade Católica de Campinas. Campinas, São Paulo.

BORDIGNON, J. & SOUZA, V. L. T. (2011). O papel dos afetos nas relações escolares de adolescentes. *Perspectivas em Psicologia*, 15(1), pp. 132-144.

CONSTITUIÇÃO DA REPÚBLICA FEDERATIVA DO BRASIL DE 1988. Obtido em 01 de maio, 2019. Recuperado de <http://www.planalto.gov.br/ccivil_03/constituicao/constituicao.htm>.

DUARTE JUNIOR, J. F. (1986). *O que é beleza*. São Paulo: Brasiliense.

DUGNANI, L. A. C. (2016). *Psicologia escolar e as práticas de gestão na escola: um estudo sobre os processos de mudanças mediados pela vontade.* Tese de Doutorado, Programa de Pós-Graduação em Psicologia, Pontifícia Universidade Católica de Campinas. Campinas, São Paulo.

GONZALEZ REY, F. L. (2001). *Pesquisa qualitativa em psicologia: caminhos e desafios*. São Paulo: Cengage Learning.

GRECCO, E. (2018). *Contribuições da Psicologia para a compreensão da evasão escolar no Ensino Médio*. Relatório de atividades Iniciação Científica, Programa de Graduação em Psicologia, Pontifícia Universidade Católica de Campinas. Campinas, São Paulo.

INSTITUTO BRASILEIRO DE GEOGRAFIA E ESTATÍSTICA (IBGE). (2018). *Pesquisa Nacional por Amostra de Domicílios Contínua: educação 2017*. Obtida em 08 de maio, 2019. Recuperado de <https://www.ibge.gov.br/estatisticas/sociais/trabalho/17270-pnad-continua.html?=&t=o-que-e>.

INSTITUTO NACIONAL DE ESTUDOS E PESQUISAS EDUCACIONAIS ANÍSIO TEIXEIRA (INEP). (2018, 30 de agosto). *Índice de Desenvolvimento da Educação Básica*. Ministério da Educação. Obtido em 13 de março, 2019. Recuperado de <http://ideb.inep.gov.br/>.

INSTITUTO NACIONAL DE ESTUDOS E PESQUISAS EDUCACIONAIS ANÍSIO TEIXEIRA (INEP). (2019). *Censo Escolar: resumo técnico censo da educação básica 2018*. Ministério da Educação. Obtido em 03 de maio, 2019. Recuperado de <http://inep.gov.br/censo-escolar>.

KOSHINO, I. L. A. (2011). *Vigotski: desenvolvimento do adolescente sob a perspectiva do materialismo histórico e dialético*. Dissertação de Mestrado, Programa de Pós-Graduação em Educação, Universidade Estadual de Londrina. Londrina, Paraná.

LEI n. 9.394. (1996, 20 de dezembro). Dispõe sobre as diretrizes e bases da educação nacional. Obtido em 10 de março, 2019. Recuperado de <http://www.planalto.gov.br/ccivil_03/_ato2011-2014/2013/lei/l12796.htm>.

MEDEIROS, F. P. (2017). *Vivências de adolescentes da escolha da profissão: um estudo da perspectiva da Psicologia Histórico-Cultural*. Dissertação de Mestrado, Pontifícia Universidade Católica de Campinas, Campinas, São Paulo.

MONTEZI, A. V. & SOUZA, V. L. T. (2013). Era uma vez um sexto ano: estudando imaginação adolescente no contexto escolar. *Psicologia Escolar e Educacional*, 17(1), pp. 77-85.

REIS, E. C. G. (2019). *Um rosto que contém várias faces: refletindo sobre a vida atual e futura com adolescentes do ensino médio público noturno*. Dissertação de Mestrado, Programa de Pós-Graduação em Psicologia, Pontifícia Universidade Católica de Campinas. Campinas, São Paulo.

SOUZA, V. L. T. (2004). *Olhares e dizeres revelando a identidade de professoras: refletindo sobre a formação docente*. Tese de Doutorado, Pontifícia Universidade Católica de São Paulo, São Paulo.

_____. (2016). Contribuições da Psicologia à compreensão do desenvolvimento e da aprendizagem. In: V. L. T. Souza; A. P. Petroni & P. C. Andrada. (orgs.). *A psicologia da arte e a promoção do desenvolvimento e da aprendizagem*, pp. 11-27. São Paulo: Loyola.

SOUZA, V. L. T., DUGNANI, L. A. C. & REIS, E. C. G. (2018). Psicologia da Arte: fundamentos e práticas para uma ação transformadora. *Estudos de Psicologia* (Campinas), 35(4), pp. 375-388.

SOUZA, V. L. T., PETRONI, A. P. & DUGNANI, L. A. C. (2011). A arte como mediação nas pesquisas e intervenção em psicologia escolar. In: R. S. L. Guzzo & C. M. Marinho-Araujo (orgs.). *Psicologia Escolar: identificando e superando barreiras*, pp. 261-285. Campinas: Alínea.

SOUZA, V. L. T.; PETRONI, A. P.; DUGNANI, L. A. C.; BARBOSA, E. T. & ANDRADA, P. C. (2014). O psicólogo na escola e com a escola: a parceria como forma de atuação promotora de mudanças. In: R. S. L. Guzzo (org.). *Psicologia Escolar: desafios e bastidores na educação pública*, pp. 27-54. Campinas: Alínea.

TAKARA, L. M. (2017). *"Nóis pixa voces pinta, vamu ve quem tem mais tinta": a mediação do espaço físico e social na promoção do desenvolvimento da imaginação de adolescentes do ensino médio*. Dissertação de Mestrado, Programa de Pós-Graduação em Psicologia, Pontifícia Universidade Católica de Campinas. Campinas, São Paulo.

VYGOTSKY, L. S. (1925/1999). *Psicologia da Arte*. São Paulo: Martins Fontes.

_____. (1930/2004). *A transformação socialista do homem* (N. Dória, Trad.). Obtido em 01 de maio, 2019. Recuperado de <http//:www.marxists.org/>.

_____. (1930/2009). *La imaginación y el arte en la infancia*, 6a. ed. Madrid: Akal.

_____. (1935/2010). Quarta aula: a questão do meio na pedologia (M. P. Vinha, Trad.). Psicologia USP, São Paulo, 21(4), pp. 681-701.

_____. (1934/2012). Paidología del adolescente. In: L. S. Vygotsky, *Obras Escogidas IV: Psicología Infantil* (L. Kuper, Trad.), pp. 4-193. Madrid: A. Machado Libros.

CAPÍTULO 5

Intervenções mediadas pela arte: em foco a emoção e a imaginação na adolescência

Juliana Soares de Jesus[1]
Maura Assad Pimenta Neves[2]
Eveline Tonelotto Barbosa Pott

Considerações iniciais

Em pesquisas desenvolvidas pelo grupo PROSPED têm-se discutido o importante papel e a prevalência da imaginação no desenvolvimento de adolescentes por meio de estudos que apontam sua função indispensável ao desenvolvimento humano (ANDRADA & SOUZA, 2015; DUGNANI & SOUZA, 2016; MONTEZI & SOUZA, 2013; PETRONI, 2013). Neste capítulo, temos a intenção de aprofundar as discussões, focalizando em especial o enlace entre imaginação e emoção na promoção de novas significações por adolescentes.

Para tanto, apresentamos um recorte de uma tese de doutorado em andamento, a qual tem sido desenvolvida por uma das autoras há três anos com estudantes dos 6° e 7° anos do Ensino Fundamental II, de uma escola estadual localizada em uma cidade do interior de São Paulo. Para a análise deste capítulo, realizamos um recorte e destacamos os dados das intervenções realizadas com a turma do 7° ano, no ano 2017, focalizando em especial na participação de uma estudante, o que permite

---
[1] Pesquisa financiada pela agência CNPq.
[2] Pesquisa financiada pela agência CAPES.

ilustrar e analisar o enlace da imaginação e da emoção na promoção de novas significações mediadas pela contação e produção de histórias.

Fundamentação teórica

A imaginação, na obra de Vygotsky (1930/2009), é compreendida como uma função psicológica superior, responsável por projetar o sujeito a patamares mais abstratos de pensamento, permitindo-o recriar o passado, apropriar-se do presente e projetar o futuro. Portanto, confere ao sujeito a possibilidade de ampliação do pensamento e da realidade material, guiando o desenvolvimento humano rumo a modos mais complexos de pensar, sentir e agir sobre o mundo e si mesmo.

Para Vygotsky (1930/2009), a imaginação tem como gênese a experiência do sujeito com o meio, sendo que, quanto mais esse conhece, percebe e sente a realidade, maiores serão suas possibilidades de imaginar. Dessa forma, a concepção de Vygotsky difere da ideia da imaginação como algo "solto", que flui de modo espontâneo e despretensioso, como comumente tal conceito é difundido. É nesse sentido que acreditamos no importante papel da educação escolar na promoção do desenvolvimento dessa função psicológica superior, uma vez que permite ao sujeito se apropriar das produções humanas, ampliando seu repertório de experiências, de conceitos e conhecimento sobre a realidade.

Segundo Sawaia (2009), o principal papel da imaginação é direcionar o desenvolvimento humano rumo à liberdade, favorecendo modos mais elevados de pensar sobre si, o outro e o mundo, e, dialeticamente, permitir ao sujeito superar a realidade concreta, imediata, que muitas vezes é fonte de aprisionamentos, de produção de estereótipos e preconceitos.

Nesse sentido, quanto mais o sujeito acessa, reflete e compreende sobre sua realidade histórica, maiores serão suas possibilidades de escolher, criar e construir futuros possíveis, o que favorece a libertação das determinações que a realidade cotidiana lhe impõe.

Sawaia (2000), ao se referir ao conceito de liberdade, acrescenta o papel da emoção que, junto à imaginação, é lócus de produção do conhecimento, defendendo a relação dialética entre emoção e imaginação na promoção de novas significações. Ancorada em Vygotsky e em Espinosa, a autora destaca a emoção para além de uma afecção corporal e a retrata, junto à imaginação, como um enlace que favorece a recombinação das demais funções psicológicas possibilitando novas combinações. Isso porque, segundo Vygotsky, são as emoções que diversificam o modo de pensar e agir ao ser a via de configuração de novos sentidos às formas de expressão do sujeito (VYGOTSKY, 1926/2003). Nesse sentido, além de defender que corpo e mente são indissociáveis, o autor compreende as emoções como organizadoras da conduta, uma vez que as ações e pensamentos são estabelecidos de acordo com as emoções vivenciadas.

Cria-se, dessa forma, uma imagem afetiva que se constitui, ao mesmo tempo, pela imagem e a emoção configurada pela situação vivida (FLEER, 2013). É dessa relação dialética que o desenvolvimento do sistema psíquico avança qualitativamente, alterando e transformando o mundo e, consequentemente, a própria relação do sujeito com a realidade (SILVA & MAGIOLINO, 2018).

Do ponto de vista psicológico, esse enlace integra as demais funções psicológicas (FLEER, 2017) e, dessa forma, compreendemos que esse processo promove o estabelecimento de novas relações no sistema psíquico, possibilitando a reelaboração de elementos, sua recombinação e, assim, novas percepções atribuídas ao passado, presente e futuro, favorecendo ao sujeito se colocar como autor de sua história, capaz de projetar-se em diversas situações, reconhecendo-se e/ou estranhando-se, fazendo escolhas e tomando suas decisões.

A vivência estética e a contação de histórias promovendo novas significações

A arte, quando usada com a intencionalidade de promover desenvolvimento, torna-se uma grande aliada ao trabalho do psicólogo escolar, por favorecer a promoção de vivências estéticas pelas emoções que desperta no fruidor, ao agilizar a imaginação, a reflexão (SOUZA, 2016).

Ao discutir a relação entre Psicologia e Arte, Vygotsky (1925/2001) apresenta o conceito de *perezhivanie*[3] como fundamental para a compreensão do desenvolvimento humano. A *perezhivanie* se trata do drama, da luta

---

3   Utilizaremos *"perezhivanie"* (no singular) e *"perezhivaniya"* (no plural), em consonância a Blunden (2016), para garantir o significado da palavra originalmente em russo, mas explicitamos que este conceito pode ser encontrado em

que o sujeito empreende com o social, apropriando-se dele, significando-o, interpretando-o, traduzindo-o de forma singular, *sui generis*, única pela qual os dois (meio e sujeito) se constituem mutuamente (SOUZA, 2016). Porém, a vivência só é possível ao sujeito quando o mesmo encontra-se inserido em uma Situação Social de Desenvolvimento, conceito este postulado por Vygotsky (1995) ao referir-se às situações que possuem o potencial de promover e impulsionar o desenvolvimento humano.

Neste trabalho, propomos discutir uma experiência, que em nossa análise constituiu-se como Situação Social de Desenvolvimento, referindo-nos a uma intervenção realizada com os adolescentes mediada pela contação e produção de histórias, a qual possibilitou aos sujeitos participantes construírem sentidos e significados, os quais contêm em sua base afetos de diversas naturezas, favorecendo experiências de vida, marcando suas trajetórias no decorrer da realização das atividades.

O uso da arte favorece a prática da psicologia na medida em que permite ao sujeito expressar e sentir emoções, tais como medo, tristeza, pavor, alegria, a partir de uma situação que não lhe põe em risco, ou seja, manifestações de emoções que podem ser sentidas de forma segura ao promover "mediações estéticas que *mudam* a relação do sujeito com o meio, justamente por possibilitar-lhe viver para além da sua condição atual, ou seja, *promove vivências*" (SOUZA, 2016, p. 91, grifos da autora).

O contato com conteúdos e emoções presentes nas obras artísticas favorecem a significação e ressignificação de situações, sentimentos e experiências e permite ao sujeito saber o que sente, como sente e refletir sobre ações, possibilitando um outro modo de ser na situação, o que caracteriza uma vivência a crédito da emoção (SOUZA, 2016). Pela mediação das obras há, então, um favorecimento da (re)configuração de ideias, o que, por sua vez, muda o curso do desenvolvimento, ao formular novas sínteses conceituais pela apropriação do que é socialmente postulado (CLOT, 2014) e, no caso deste trabalho, pelo que foi intencionalmente estabelecido nas ações desenvolvidas pela psicóloga escolar.

Ao ouvir e produzir narrativas, os sujeitos são convidados e transportados à vivência do desconhecido. Nesta, norteado pela forma objetiva das narrativas (seu conteúdo) e pelas ressonâncias subjetivas, cada um vive a narrativa à sua maneira, a depender de suas experiências an-

---

outros estudos sendo denominado como "vivência", "experiência emocional" e/ou "experiência vivida".

teriores, familiarizando-se e particularizando o que foi vivido. Esse é o tempo da vivência, o tempo em que as palavras ganham atributos e uma simbolização do que pode ser vivido é criada possibilitando a (re) configuração das significações (MACHADO, 2004).

Buscamos, dessa forma, criar situações sociais de desenvolvimento que produzam a vivência do simbólico, de valores e padrões sociais que não são comumente vivenciados no cotidiano e defendemos que os alunos se reconhecem nos personagens a partir do seu ponto de vista, de suas experiências, entretanto, vivenciam as histórias segundo o enredo construído pelas narrativas e, por estas, acessam outras emoções e concepções, instaurando-se um drama.

Devido a essa colisão desencadeada pela obra, o sistema psíquico precisa se reorganizar, se mobilizar, se movimentar para lidar com a situação, ampliando, assim, a qualidade e os modos de pensar dos adolescentes. Durante a experiência estética, o enlace se dá pela vivência de uma emoção real que põe em primeiro plano a forma como o sujeito se sente, o conscientizando e possibilitando uma nova significação daquela emoção. Ao mesmo tempo, potencializando outros modos de ação ao ampliar o olhar do sujeito, este assume o protagonismo para controlar e solucionar problemáticas, ao experimentar consequências e significados de suas ações para si e para os outros (MARCH & FLEER, 2017).

É a partir destas considerações apresentadas para as possíveis *perezhivaniya* e o enlace emocional que analisaremos a relação de Alice[4] com as intervenções envolvendo a contação e produção de histórias, buscando demonstrar seus momentos de reflexões e elaborações de novas significações.

Método

A perspectiva metodológica de nossa investigação se situa na matriz materialista histórica e dialética que compreende o fenômeno como dinâmico, em movimento constante, e o conhecimento como vinculado ao contexto, logo, situado em um tempo e espaço próprios, os quais implicam a construção de modos de acesso e de teorização (SOUZA, DUGNANI & REIS, 2018).

---

4   Todos os nomes são fictícios.

Essa perspectiva teórico-metodológica nos conduz a utilizar a pesquisa-intervenção, um tipo de pesquisa que possibilita acercar o fenômeno, respeitando seu movimento de totalidade com as partes que o constituem, e em consonância ao que tem feito o grupo de pesquisa ao qual se vincula este estudo. Entendida como unidade, a pesquisa-intervenção se constitui como núcleo organizador da atuação do psicólogo-pesquisador no cenário em que se desenvolve o fenômeno a ser estudado (SOUZA et al., 2018).

Demarcamos, assim, que o objeto e o método em nossas investigações se constituem mutuamente, ao longo do desenvolvimento das ações, sendo, a um só tempo, objeto de pesquisa e proposição de novas formas de investigar, visto a dinamicidade que caracteriza a relação do pesquisador com o fenômeno investigado (SOUZA et al., 2018).

Contexto e cenário

A instituição, que tem em seus arredores um centro comercial, uma escola de Ensino Fundamental I e um Centro de Referência de Assistência Social (CRAS), oferece Ensino Fundamental II (6° ao 9° ano) nos períodos matutino e vespertino e Ensino Médio (1° ao 3° ano) nos períodos matutino e noturno, para cerca de 1.500 alunos.

Sua estrutura física agrega vinte salas de aula, três banheiros femininos e três masculinos (dois para uso dos alunos e um para professores e equipe gestora), um refeitório, um laboratório de informática, uma quadra poliesportiva, uma biblioteca e uma secretaria. A equipe conta com uma diretora, duas vice-diretoras, dois coordenadores pedagógicos, 43 professores, dois agentes educacionais (inspetores) e funcionários responsáveis pela limpeza e pela alimentação (cantina e refeitório).

Participantes e procedimento de construção das informações

Durante o ano de 2017 trabalhamos com duas turmas com alunos na faixa etária entre 12 e 13 anos (dois alunos tinham 14 anos), totalizando 29 meninos e 31 meninas. Os encontros ocorriam semanalmente no período de duas horas-aula acordado com os professores e equipe gestora.

Tendo as histórias como materialidade mediadora dos encontros com as duas turmas, as atividades tinham a seguinte dinâmica: sentados em roda sob tecido TNT ou cadeiras, tendo uma música de fundo, os alunos eram convidados a apreciarem a história que era lida pela psicóloga-pesquisadora. Ao seu final discutíamos a contação[5], abordando o conteúdo, os personagens, as emoções dos personagens, as compreensões que tiveram da história e as relações que estabeleciam entre a história e a sua realidade.

Algumas vezes, o título das histórias não era revelado no início e, após a contação, discutíamos o conteúdo e convidávamos os alunos a criarem um título a fim de mobilizar sua imaginação em relação à narrativa. Optamos, por vezes, em contar metade da história e convidá-los a construir um final, assim como um desenho que ilustrasse a história. Em outras, contávamos a história completa, discutíamos e os alunos eram convidados a criar uma versão própria, de acordo com o que ficara de mais significativo para cada um.

Os diálogos, fossem mediados pelas histórias escolhidas ou pelas produções dos alunos, foram norteados por questionamentos que buscavam fazer emergirem as contradições das expressões dos personagens, dos sentimentos que pareciam apresentar, das soluções para as situações, dentre outros.

Todas as histórias foram previamente lidas em silêncio e com o som de fundo, estudadas e compreendidas pela psicóloga-pesquisadora, e, nesses momentos, eram construídos os enfoques que viriam a ser trabalhados nos encontros, por exemplo, o personagem Jonathan Harker e sua importância no grupo no enfrentamento de conflito, no caso, na história do Conde Drácula.

Os encontros foram gravados em áudio e deles derivaram diários de campo com a descrição do encontro, reflexões e percepções da psicóloga-pesquisadora.

Resultados e discussão

Segundo Cassirer (1977), cada ser humano tem seu próprio mundo, configurado a partir de suas experiências, mediado pela rela-

---

5   Segundo Matos e Sorsy (2005), para o ofício de contadores de histórias, existe uma diferença entre contar (memorizar a história ao assimilá-la e contá-la) e ler um conto. Em nossa atuação, estamos chamando de contação a leitura da história de modo entonado.

ção consigo, com os outros e com a sua realidade. Neste processo de humanização, a imaginação cria imagens que, em ação, confrontam-se, tensionam as relações sociais estabelecidas, consolida subjetividades e produz sujeitos singulares ao provocar um choque no sistema das funções psicológicas (SAWAIA & SILVA, 2015).

É, dessa forma, pelo sistema simbólico que o homem, diferente do animal, vive uma outra dimensão de realidade pela qual a linguagem, os mitos, a arte e a religião tecem a sua humanização (CASSIRER, 1977) e é durante este processo que ocorre a reorganização das significações que promovem as possibilidades de ação a depender do momento, contexto e experiência particular de cada sujeito (MACHADO, 2004).

Se a natureza do homem é simbólica, sua forma de pensar, ser e agir no mundo envolve um processo de pensamento permeado de significação, a qual depende dos padrões da cultura, apropriados pelo sujeito. No caso de Alice, sua relação com seus colegas de turma e com a sua família era permeada por afastamentos, isolamento e choros diante de qualquer situação do cotidiano, fazendo-nos questionar as significações atribuídas pela adolescente e de que modo estas poderiam ser ressignificadas pela atuação da psicóloga-pesquisadora.

Desde o início das atividades, em 2016, Alice apresentava uma expressão fechada, sem sorrir diante de comentários de seus pares, sem participar das discussões coletivas, não explicitando seus posicionamentos e sentimentos diante de algum conflito. Para Alice, sua falta de companhia não era apenas física, como é possível ver abaixo:

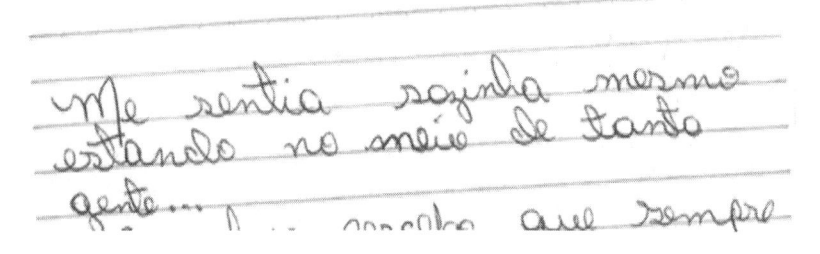

Figura 1[6]. Trecho escrito por Alice em novembro de 2017, em uma atividade na qual os alunos foram convidados a escrever uma carta contando como foi o seu ano.

---

6 Me sentia sozinha mesmo estando no meio de tanta gente...

Percebemos seu isolamento, por um lado, não apenas nas atividades realizadas pela psicóloga-pesquisadora, como também em outros momentos dentro da escola (como intervalo, trabalhos escolares). Por outro lado, de forma dialética, sua dificuldade em se comunicar revelou sua necessidade de um espaço para ser ouvida e se relacionar.

É necessário contextualizar, todavia, algumas relações que a aluna estabelecia com os outros à época: Alice tinha 12 anos, morava com a avó e não tinha nenhum contato com a mãe há meses. Devido a esse distanciamento, ela se dizia rejeitada e, em diferentes momentos, apontava que faltava algo em sua vida, algo que não conseguia compartilhar e, mesmo compartilhando, não reconhecendo em seus pares uma possibilidade de superação de suas dores.

Durante um semestre letivo, Alice permaneceu nessa dinâmica, repetindo frases que a mantinham revivendo essa situação, afastada em alguns momentos até de seus melhores amigos. Ora a garota estava com o semblante fechado, ora respondia a gritos mal entendidos, como ser atingida sem intenção por uma bola de papel e/ou esbarrar com colegas. Estes pareciam estranhos, estrangeiros, que, para a aluna, não poderiam ajudá-la de nenhuma forma. Ao mesmo tempo, eram exatamente esses comportamentos que faziam com que os demais a percebessem, e mantendo, assim, uma dinâmica de distanciamento e aproximações.

Ao percebermos esse movimento, iniciamos o trabalho, em 2017 com a contação de histórias, como uma maneira dos estudantes se narrarem e significarem suas relações de outra forma. Foi durante uma atividade de contação que Alice começou a compartilhar com os colegas de turma a sua história. Com o conto "A morte rubra" de Edgar Allan Poe[7], nossa intenção era a de que os estudantes partilhassem seus medos entre seus pares de modo que os vivenciassem e, ao mesmo tempo, atribuíssem, pelo coletivo, novas significações a essa vivência.

Alice começou a contar uma história sobre o que tinha medo e disse que ganhou três bonecas oferecidas para "en-

---

7   Narrada em terceira pessoa, Poe explicita um país cuja população está sendo completamente dizimada pela peste. Porém, o príncipe Próspero convida mil amigos para se abrigarem em um lugar cheio de muralhas, acreditando que assim estariam livres e poderiam vencer a própria morte.

costo" (sic). Quando ela disse isso, todos se assustaram e disseram "*hã???*". E ela repetiu e começou a contar sobre as bonecas. A forma como ela e as crianças reagiram foi muito curiosa pra mim. Alice contou que duas bonecas foram dadas pela sua mãe e uma pelo padrasto. Ela contou diversas situações em que as bonecas se mexeram sozinhas e, em uma delas, ela encontrou um crucifixo desenhado com Jesus e uma faca no peito dele. O teor de sua história foi bem complexo e ela realmente acreditava no que estava contando e que a responsável era sua mãe. Entretanto, o que também me causou espanto foi a forma que ela lidou com isso: ao contar a história, riu das reações dos alunos enquanto estes ficavam espantados com o que ela contava (as bonecas se movimentando, etc.). Os colegas pediram silêncio para ouvirem quando o barulho das reações não se findava, perguntavam "*e a outra?*" [com relação a segunda e terceira boneca] e faziam diferentes perguntas quando a história não se encaixava, a "obrigando" a recontar e recriar a história. Leonardo pediu para dar resposta para ela e, em um determinado momento, disse que não precisava ter medo dos espíritos, que estes não faziam mal. Outros alunos, em suas histórias, apontaram o aparecimento de alguém os salvando dos espíritos e encerrei o encontro ressaltando a importância do outro no enfrentamento dos nossos medos (Trecho do diário de campo do encontro de 14 de abril 2017).

Nesse e em encontros subsequentes, o trabalho com a contação de histórias visava não apenas a vivência da experiência dos personagens, mas, sobretudo, dialogar sobre os caminhos para a resolução de conflitos, apontando, sobretudo, a importância do outro. Se, no início, Alice não sabia se expor e a turma não sabia como se aproximar e, nesses espaços para as discussões, inúmeras vezes os alunos expressavam sua dificuldade sobre o que e como fazer diante do isolamento de um colega, de tentativas frustradas, de desistência ao contato, a ação de contar e ouvir histórias parecia começar a mobilizar suas relações.

Percebemos que este excerto nos traz a configuração de uma Situação Social de Desenvolvimento pela qual há um espaço de escuta, de fala, de trocas entre os estudantes. Neste espaço, Alice consegue falar e, de modo simbólico, vive seu medo em forma de terror aos seus problemas familiares, dessa vez sem a tristeza ser a emoção prevalente, favorecendo um espaço de abertura aos outros para vivenciarem a sua experiência. Por outro lado, a turma se posiciona, questiona, revela suas percepções, e, sobretudo, encontram em comum a dificuldade no enfrentamento de seus medos.

Entretanto, ao contar sua história, o conteúdo exposto é permeado pelo terror e medo, numa conotação que promove a reconfiguração da significação ao que foi vivenciado. É, dessa forma, que o enlace entre a emoção e da imaginação se realiza na configuração de novas significações: ao ser mobilizado por determinada emoção, imagens e ideias são criadas, imaginadas, construídas, constituindo modos de ver, pensar e agir sob a realidade. Ao conseguir compartilhar, Alice viu a si e ao outro, potencializando sua capacidade de ação como vemos abaixo:

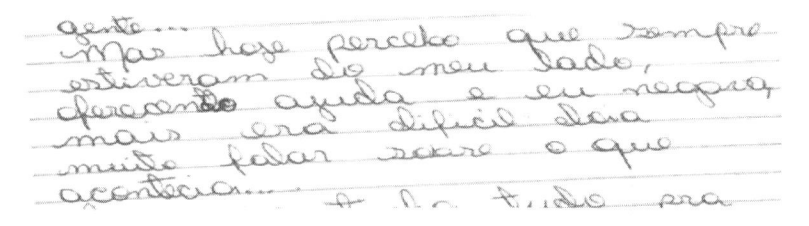

Figura 2⁵. Trecho de uma carta de Alice em novembro de 2017, em uma atividade na qual os alunos foram convidados a escrever uma carta contando como foi o ano.

Os dados indicam uma mudança no curso do desenvolvimento de Alice: de uma adolescente fechada, que acreditava que ninguém poderia ajudá-la para aquela que iniciou uma crença na cooperação. Para Vygotsky (1927/1995), o sujeito se humaniza pelas condições que acessa no social e, dessa maneira, é produto e produtor de sua realidade. Essa humanização, dessa forma, se dá pela apropriação da cultura, pelas significações configuradas, que transformam as ações do ser humano no mundo.

8   Mas hoje percebo que sempre estiveram do meu lado, oferecendo ajuda e eu negava, mas era difícil doía muito falar sobre o que acontecia.

Ao vivenciar uma *perezhivanie* com o grupo, Alice se potencializou. É necessário frisar, todavia, que a tristeza não deixou de existir, ela foi transformada em outra emoção, maior e mais forte, como afirma Clot (2014) ao discutir o processo de migração de emoções. Quando o terror e o medo foram mobilizados pelas histórias, as significações configuradas foram outras, complexificando o processo simbólico dos pensamentos, promovendo e ampliando o olhar de Alice para a força do coletivo, como vemos abaixo:

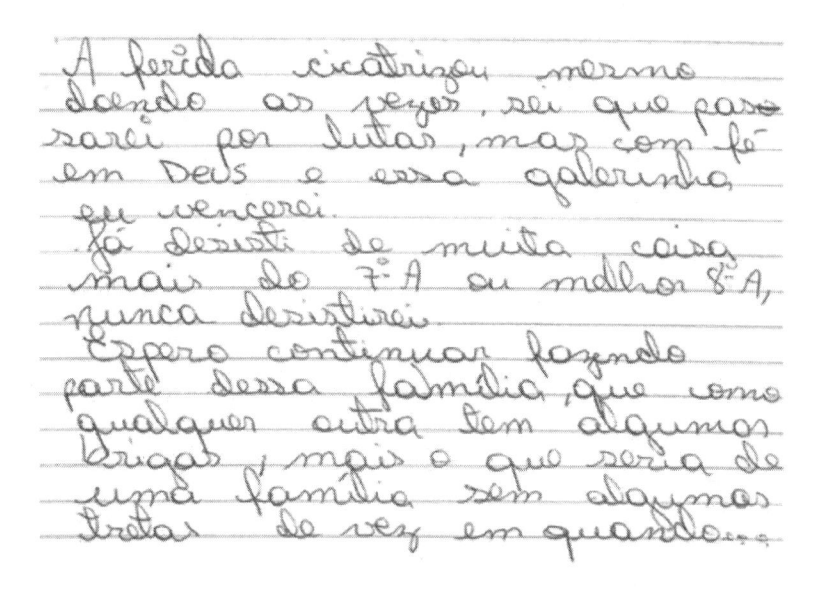

Figura 3º. Trecho de uma carta de Alice em novembro de 2017, em uma atividade na qual os alunos foram convidados a escrever uma carta contando como foi o ano.

Percebemos no excerto que o conceito de família e pertencimento foram ampliados na significação de Alice pela recombinação de elementos de suas experiências anteriores e atuais. O processo de ressignificação de sua realidade perpassou o modo como os personagens vivenciaram

9   A ferida cicatrizou mesmo doendo as vezes, sei que passarei por lutas, mas com fé em DEUS e essa galerinha eu vencerei. Já desisti de muitas coisas mas do 7º A ou melhor 8ºA, nunca desistirei. Espero continuar fazendo parte dessa família, que como qualquer outra tem algumas brigas, mas o que seria de uma família sem algumas tretas de vez em quando...

seu medo, a forma como seus colegas compreendiam e discutiam seus medos e, sobretudo, pelo acolhimento que recebeu, seja pelas expressões verbais, ou no silêncio e olhar atento durante a sua contação.

A partir do relato do caso de Alice e sua participação nas atividades de contação e produção de histórias, nota-se seu processo de desenvolvimento em especial no que se refere às emoções. Se, durante os momentos das atividades, notamos um sentimento que imobilizava suas ações e investimento afetivo com o grupo, durante suas participações nas atividades de contação e produção de história houve a construção de um sentimento que gerou uma potência de ação para pensar, falar e construir um investimento afetivo no grupo.

Considerações finais

Ao longo desta análise apresentada, foi proposto demonstrar o importante papel do enlace entre imaginação e emoção no desenvolvimento de adolescentes. Para tanto, utilizou-se o caso de Alice para ilustrar tal processo.

A partir de uma estratégia de intervenção com contação e produção de histórias com um grupo de adolescentes, nota-se o processo de construção de novas significações. Se em um primeiro momento Alice demonstrava-se uma adolescente descrente com o grupo, buscando constantemente seu distanciamento, durante as intervenções ela passou a vivenciar emoções que favoreceram seu processo de investimento e aproximação com os demais colegas, conseguindo expressar suas emoções e sentimentos por meio da contação e produção de histórias.

A experiência relatada conduz ao questionamento sobre os espaços que as escolas oferecem para a expressão de afetos e da imaginação. Via de regra, o que observamos, em especial em escolas públicas, é a falta desses espaços, expressando a concepção da construção de uma escola voltada ao conteúdo escolar, no qual o afetivo não parece ser considerado (BARBOSA & SOUZA, 2015; MONTEZI & SOUZA, 2013). Contraditoriamente, ao mesmo tempo em que se busca excluir os aspectos afetivos nas ações educativas; parecem ser eles que estão na base das principais queixas apresentadas pelos educadores, expressos em conceitos cada vez mais utilizados como o desrespeito, o bullying, TDAH, entre outros.

Não há dúvidas de que a escola precisa ser um espaço de acolhimento e trabalho com a dimensão afetiva, em especial quando partimos de uma concepção monista de desenvolvimento em que cognição e afeto estão interligados. Nesse sentido, o psicólogo escolar/educacional tem um importante papel, uma vez que pode contribuir com a construção de parcerias que promovam o processo de desenvolvimento dos atores escolares.

Na análise apresentada defendemos o trabalho com a arte, em especial a contação e produção de histórias, como um caminho de intervenção do psicólogo escolar com adolescentes. No entanto, temos clareza que são inúmeras as possibilidades que a arte oferece no trabalho do psicólogo, lançando como desafio o aprofundamento em estudos futuros.

Referências

ANDRADA, P. C. & SOUZA, V. L. T. (2015). Corpo e docência: a dança circular como promotora do desenvolvimento da consciência. *Revista Psicologia Escolar e Educacional*, v. 19, pp. 359-368.

BARBOSA, E. T. & SOUZA, V. L. T. (2015). Sentidos do respeito para alunos: uma análise na perspectiva da Psicologia Histórico-cultural. *Psicologia: ciência e profissão*, 35(2), pp. 255-270.

BLUNDEN, A. (2016). Translating Perezhivanie into English. *Mind, Culture and Activity*, v. 23, issue 4, pp. 4-12.

CASSIRER, E. (1977). Uma chave para a natureza do homem: o simbólico. In: Cassirer, E. *Antropologia Filosófica*, pp. 47-74. São Paulo: Mestre Jou.

CLOT, Y. (2014). Vygotski: a consciência como relação (M. A. B. Ramos, Trad.). *Psicologia & Sociedade*, 26 (n. spe. 2), pp. 124-139. Obtido em 12 de novembro de 2017. Recuperado de <http://www.scielo.br/pdf/psoc/v26nspe2/a13v26nspe2.pdf>.

DUGNANI, L. A. C. & SOUZA, V. L. T. (2016). Psicologia e gestores escolares: mediações estéticas e semióticas promovendo ações coletivas. *Estudos de Psicologia*, v. 33, pp. 247-259.

FLEER, M. (2013). Affective imagination in science education: determining the emotional nature of scientific and technological learning of young children. *Research in Science Education*, 43(5), pp. 2085-2106.

_____. (2017). Foregrounding emotional imagination in everyday preschool practices to support emotion regulation. In: M. Fleer; F. G. Rey & N. Veresov (eds.). *Perezhivanie, Emotions and Subjectivity – Advancing Vygotsky's Legacy*, pp. 85-104. EUA: Springer.

MACHADO, R. (2004). *Acordais: fundamentos teórico-poéticos da arte de contar histórias*. São Paulo: DCL.

MARCH, S. & FLEER, M. (2017). The Role of Imagination and Anticipation in Children's Emotional Development. In: M. Fleer; F. G. Rey & N. Veresov (eds.). *Perezhivanie, Emotions and Subjectivity – Advancing Vygotsky's Legacy*, pp. 105-127. EUA: Springer.

MATOS, G. A. & SORSY, I. (2005). *O ofício do contador de histórias*. São Paulo: WMF Martins Fontes.

MONTEZI, A. V. & SOUZA, V. L. T. (2013). Era uma vez um sexto ano: estudando imaginação adolescente no contexto escolar. *Psicologia Escolar e Educacional*, 17, pp. 77-85.

PETRONI, A. P. (2013). *Psicologia escolar e arte: possibilidades e limites da atuação do psicólogo na ampliação da consciência de gestores*. Tese de Doutorado, Programa de pós-Graduação em Psicologia, Pontifícia Universidade Católica de Campinas, PUCCAMP, Campinas, SP.

SAWAIA, B. B. (2000). A emoção como lócus de produção do conhecimento: Uma reflexão inspirada em Vygotsky e no seu diálogo com Espinosa. In: Faculdade da Educação – Unicamp. *Anais da III Conferência de Pesquisa Sócio-Cultural: cultura a dimensão psicológica e a mudança histórica e cultural*. Obtido em 05 de fevereiro de 2016. Recuperado de <https://www.fe.unicamp.br/eventos/br2000/cult4.htm>.

_____. (2009). Psicologia e desigualdade social: uma reflexão sobre liberdade e transformação social. *Psicologia & Sociedade*, 21(3), pp. 364-372.

SAWAIA, B. B. & SILVA, D. N. H. (2015). Pelo reencantamento da Psicologia: Em busca da positividade epistemológica da imaginação e da emoção no desenvolvimento humano. *Cad. Cedes*, 35 (n. Especial), pp. 343-360. Obtido em 02 de janeiro de 2017. Recuperado de <http://www.scielo.br/pdf/ccedes/v35nspe/1678-7110-ccedes-35-spe-00343.pdf>.

SILVA, D. N. H. & MAGIOLINO, L. L. S. (2018). Imaginação e emoção: liberdade ou servidão nas paixões? Um ensaio teórico entre L. S. Vigotski e B. Espinosa. In: B. B. Sawaia; R. Albuquerque & F. R. Busarello (orgs.). *Afeto & comum: reflexões sobre a práxis psicossocial*, pp. 39-60. São Paulo: Alexa Cultural.

SOUZA, V. L. T. (2016). Arte, imaginação e desenvolvimento humano: aportes à atuação do psicólogo na escola. In: M. V. Dazzani & V. L. T. Souza (orgs.). *Psicologia Escolar Crítica: teoria e prática nos contextos educacionais*, pp. 77-94. Campinas: Alínea.

SOUZA, V. L. T.; DUGNANI, L. A. C. & REIS, E. C. G. (2018). Psicologia da Arte: fundamentos e práticas para uma ação transformadora. *Estudos de Psicologia (Campinas)*, 35(4), pp. 333-346. Obtido em 19 de outubro de 2018. Recuperado de <http://www.scielo.br/pdf/estpsi/v35n4/1982-0275-estpsi-35-04-0375.pdf>.

VYGOTSKY, L. S. (1995). *Obras Escogidas III: problemas del desarrollo de la psique*. Madrid: Visor. (Obra original publicada em 1927).

_____. (2003). *Psicologia Pedagógica* (C. Schilling, Trad.). Porto Alegre: Artmed. (Obra original publicada em 1926).

_____. (2009). *La imaginación y el arte em la infância*, 9a. ed. Madrid: Akal. (Obra original publicada em 1930).

CAPÍTULO 6

A relação entre psicólogos escolares e professores: a parceria como promotora da consciência

Vânia Rodrigues Lima Ramos[1]
Beatriz Cristina de Oliveira[2]

Considerações iniciais

O presente capítulo tem como finalidade apresentar reflexões a respeito das contribuições que as relações de parceria entre psicólogos escolares e professores podem oferecer para o processo de ampliação de consciência e fortalecimento do coletivo escolar. Ressaltamos, inicialmente, que os profissionais de Psicologia se deparam com inúmeros desafios ao adentrarem a escola que estão relacionados especialmente ao desenvolvimento de práticas pautadas no individualismo e na competitividade que inviabilizam, muitas vezes, o investimento no diálogo e a construção de ações conjuntas entre seus diferentes atores (SOUZA, PETRONI & DUGNANI, 2011; SOUZA et al., 2014; SOUZA, 2016). O núcleo organizador da interação entre os sujeitos na escola orienta-se, via de regra, pelo medo e em relações de poder que submetem os sujeitos a uma dada condição de subserviência (DELARI JR., 2013), tanto nos processos educativos, com foco na transmissão de saberes escolarizados, como também na formação humana que neles decorrem.

---

[1] Pesquisa financiada pela agência CNPq.
[2] Pesquisa financiada pela agência CAPES.

Esse modo de funcionamento das instituições assinala a necessidade de superação dos limites que se estabelecem nas relações, a fim de serem favorecidas reflexões e diálogos que promovam a articulação e construção coletiva de formas de enfrentamento das dificuldades e conflitos que emergem no cotidiano de escola, com vistas à configuração de práticas educativas críticas. Entretanto, Oliveira (2018), ao estudar a parceria como modo de atuação dos psicólogos, observou que estes ainda são considerados profissionais "de fora", cujas ações deveriam ter como finalidade a resolução dos problemas dos alunos e não como potencializadoras dos processos de ensino e de aprendizagem.

Dessa maneira, a pesquisadora atribui importância à parceira, concebendo-a como modo de atuação potente que oportuniza a superação das formas de fazer em Psicologia Escolar hegemônicas, em que se encerram as possibilidades de construção **com o outro**, para o desenvolvimento de ações que promovam a criação de espaços que viabilizem diálogos abertos e o engajamento dos sujeitos na busca coletiva intencional pela efetivação da função social da escola, isto é, o desenvolvimento humano pela via do conhecimento científico.

Entendemos que o objetivo do psicólogo escolar deve ser a transformação das relações entre os sujeitos escolares e destes para com o profissional de Psicologia, de forma a assegurar a efetiva aprendizagem e desenvolvimento de alunos e educadores que tomam parte do contexto escolar. Nessa direção, defendemos que sua atuação deve pautar-se na parceria, orientando-se pelos princípios de superação, cooperação e emancipação humana, cujo lugar a ser ocupado encontra-se na vivência dos tensionamentos que atravessam o contexto escolar, a fim de que possa colaborar para a reconfiguração dos significados e sentidos que os atores escolares atribuem ao vivido nas relações, viabilizando, assim, a ampliação da consciência e o fortalecimento do coletivo.

É por essa razão que as categorias "consciência" e "coletivo" se apresentam como fundamentais aos psicólogos que atuam na escola, como forma não apenas de compreensão das intersubjetividades que ali se constituem, como também para o desenvolvimento de suas intervenções para transformar as relações escolares. Assim, com base nos pressupostos de Psicologia Histórico-Cultural, especialmente as proposições de Vygotsky e outros estudiosos de base materialista Histórico-Dialética, apresentaremos algumas acepções que são frutos de duas pesquisas, uma de mestrado e outra de doutorado, realizadas com 33 professores de uma escola pública estadual que atende os níveis de Ensino Fundamental II e Médio.

As reflexões e diálogos que buscamos tecer, a nosso ver, ampliam nossa compreensão acerca do lugar que essas categorias ocupam na escola e nos permitem estabelecer relações sobre a contribuição que a parceria tem em seu processo de ampliação e fortalecimento. Tomamos aqui, portanto, a parceria como promotora da consciência, visto que ser parceiro somente é possível na relação e de que a consciência só existe no contato com o outro. Acreditamos que experimentar outro modo de interação pautado no respeito, no diálogo, no compartilhamento de ideias e opiniões, na clareza da intencionalidade das ações e papéis e, principalmente, nas potencialidades humanas, torna possível a construção de novos modos de sentir, pensar e agir na e com a escola, entre e com os sujeitos, em que alargam-se os limites, avultam-se novas e diferentes possibilidades, constroem-se novos saberes e práticas, concebem-se outros modos de relação dos sujeitos consigo mesmos, com os outros e com o mundo.

Feitas essas considerações, este capítulo organiza-se da seguinte maneira: inicialmente são apresentadas algumas definições sobre as categorias consciência e coletividade com base na perspectiva da Psicologia Histórico-Cultural. Posteriormente, buscamos refletir sobre o papel da parceria no favorecimento de mudanças nas relações e nos modos dos sujeitos se perceberem e reconhecerem o outro no espaço em que atuam – a escola pública. Por fim, discutimos a respeito das possibilidades que a parceria acarreta aos profissionais de Psicologia na escola, sobretudo no que tange às significações que permeiam e configuram entraves que impossibilitam a aprendizagem dos alunos, o ensino dos educadores, a transformação do espaço e da realidade escolar/educacional, com vistas à superação das formas cristalizadas que, por vezes, constituem as relações escolares.

A consciência e o coletivo: que lugar ocupam na escola?

Conforme apresentado anteriormente, as instituições escolares não têm se constituído como espaços coletivos promotores de desenvolvimento de seus diferentes atores e imperam, por vezes, posturas enrijecidas relacionadas ao ato de aprender (que se expressam como indiferença, desinteresse, indisciplina, por exemplo) e ao ato de ensinar (manutenção de práticas tradicionais, descontextualizadas, repetitivas, dentre outras). Desse modo, a escola assegura a manutenção de uma ordem social em que, por vezes, não há lugar para experimentar outras e novas formas de ensino, de aprendizagem e de se relacionar (SOUZA, 2016).

Consideramos que o sujeito necessita ir além do imediato para realmente apreender a realidade e, assim, poder superar as condições que o impedem de avançar em direção ao que pode vir a ser e alcançar de mais elevado (DELARI JR., 2013). São as formas como significamos o mundo em que vivemos que nos possibilita perseverar na existência e nos libertar das amarras que as situações concretas e cotidianas nos impõem (ESPINOSA, 2009). Nesse sentido, a consciência configura-se não como a tradução e/ou reflexo do real, mas como sendo a manifestação do modo que criamos, recriamos e organizamos o saber cotidiano e o conhecimento socialmente elabdrado e apropriado por nós – que viabiliza lidarmos com as demandas internas e externas – potencializadoras, ou não, da superação dos conflitos e regulação do pensar, sentir e agir (CLOT, 2006; 2014).

Para Vygotsky (1927/2004), as mediações enquanto núcleos organizadores filtram o que é estável da realidade objetiva e subjetiva favorecendo nossas ações no mundo e configurando as relações que nele e com ele estabelecemos. Assim, como destacou Freire (1994), a consciência é o que nos permite que venhamos a nos reconhecermos como:

a) sujeitos inacabados e inconclusos, portanto, com novas possibilidades em aberto;
b) na relação contínua como social, assim, compreendendo a existência como dimensão biológica, ética, social, histórica e política carregada de contradições e barreiras que necessitam ser superadas constantemente;
c) sujeitos da história, logo, é necessário refletir criticamente a prática cotidianamente, além de comprometer-nos em ações que contribuam com a transformação do social.

Entretanto, o que observamos na escola são impossibilidades dos sujeitos se lançarem nesse movimento de busca por *ser mais*, inviabilizado por condições materiais que mecanizam e burocratizam seus modos de atuar na realidade que integram. Oliveira (2018) destaca que as condições de trabalho a que estão submetidos os professores, assim como os alunos, caracteriza-se pela rotina e repetição, via de regra, proporcionados por programas que os alijam de desenvolverem um ensino criativo, flexível e crítico, mantendo-os presos às amarras do giz e da lousa.

> a gente não tem instrumentos na escola, a gente tem o quê? A gente tem o livro didático que nem é para todos, tem a lousa e o giz, e a nossa boa vontade, porque às vezes nem o projetor funciona, nem nada (Professor 3 – entrevista individual).

Alia-se a isto, conforme estudo de Ramos, ainda em andamento, as tantas situações que dificultam o exercício da profissão como: falta de recursos; não reconhecimento do trabalho docente; burocracias que interferem nas relações; a falta de apoio da gestão em questões diversas, bem como o não proporcionar condições para uma boa aula; a não cooperação por parte dos pares e a disputa de poder; a formação que não os preparou para ensinar de diferentes modos. Vivências que são atravessadas por afetos e sentimentos de cansaço, angústia, raiva, desânimo, tristeza; de desvalorização, desrespeito, perdição, desorientação, apatia e descrença de que algo possa mudar na profissão; afetos que balizam o sofrimento docente:

> O Estado acaba com todos os ideais de uma pessoa, citou como exemplo pessoas que trabalham muito tempo como funcionários públicos, uma vez que entram de uma forma e saem completamente diferente, destruídos (Diário de campo, 2017 – Décimo primeiro encontro com docentes abordando o sofrimento no contexto escolar).

Ademais, os professores também acrescentam que além da precarização das condições de trabalho, por parte do governo, atualmente a sociedade, os alunos e a mídia não os veem com bons olhos.

O docente afirmou que são vistos como inimigos pelos alunos. Como alguém "sem moral" para os alunos e para a sociedade. Depois dessa última colocação, os professores ressaltaram como são desprezados pelos alunos, pela sociedade, pelo governo e pela mídia (Diário de campo, 2016 – Sexto encontro realizado com os professores com a temática do fortalecimento do espaço de escuta e fala no contexto escolar).

Tais condições, relatadas pelos docentes, são potencializadoras do padecer, da busca de estratégias de sobrevivência e não favorece o enfrentamento dos conflitos/dificuldades de modo a superá-los, realidade necessária para a ampliação da consciência. Pois, com base na perspectiva da Psicologia Histórico-Cultural, acreditamos que a atividade de ensino, ou seja, o trabalho é a práxis[3] favorecedora do desenvolvimento do humano, o viabiliza à leitura crítica da realidade que o cerca, desvelando-a de modo a regular e significar o que percebe, sente e faz, colocando-o frente ao mundo, ao outro e a si mesmo, em um posicionamento comprometido e no engajamento ético-político em que é capaz de intervir no contexto social, a fim de transformá-lo em busca da emancipação sujeito/coletivo. Ou seja, o núcleo organizador social (sujeito e coletivo), é o bem comum, um modo de produção que impactado pela dimensão ético-política do sujeito, portanto, afeta suas relações e as formas como significa a si, ao outro e o mundo.

Nessa perspectiva, corroboramos Martin-Baró (1996) sobre a importância de que a consciência vá além do se saber fazendo algo, mas que nela coexista o saber de si dentro de uma dada realidade que se constitui, a um só tempo, pessoal e social que, por sua vez, se efetivam na práxis que carregam representações sociais e ideologias do tempo e momento em que vivemos. Ademais, Friedrich (2012) ressalta que o organismo subverte a realidade a seu favor e Clot (2006), por sua vez, complementa que as apropriações das ferramentas sociais e culturais é um processo de recriação do humano para lidar com o conflito e significar o vivido. É neste ponto, portanto, que reside a necessidade de que as ações psicológicas voltadas aos educadores se constituam como facilitadores deste processo.

---

3 Apresentado por Freire (1980, p. 26) como "unidade indissolúvel entre minha ação e minha reflexão sobre o mundo".

A consciência é o contato social do homem consigo mesmo, é a síntese das relações que o psiquismo produz via os instrumentos psíquicos mediatizados, é parte da representação de si, do outro e do mundo (VYGOTSKY, 2001). Quais são as possibilidades que os contextos educativos oferecem para que os professores tenham ampliadas suas formas de representação de si mesmos, de experimentar as relações com os alunos, seus pares, gestores e famílias dos estudantes de maneiras diferentes? E, principalmente, de atuarem na realidade escolar com criticidade, autonomia e liberdade?

A estrutura educacional que organiza o modo de funcionamento das instituições escolares, como enfatizou Freire (1980), desumaniza os sujeitos, pois ao inviabilizar sua ação-reflexão retira as possibilidades de decodificação da realidade que se mostra, muitas vezes, impenetrável, fatalista e esmagadora. Por essa razão, o modo como a consciência se manifesta é fragmentado e desconectado, e inviabiliza que os indivíduos se percebam como parte ativa da sociedade, da política, da produção de história humana aceitando, portanto, as situações sem questionamentos, como ordem natural da existência.

É esse processo de naturalização que temos observamos na escola como principal motivo do esvaziamento das práticas educativas e dos processos de aprendizagem. O que nos leva a questionar: que ações podemos desenvolver para desnaturalização do vivido e sentido nas relações escolares? Como suscitar reflexões e questionamentos que redimensionem as práticas pedagógicas? Que assegurem o desenvolvimento e aprendizagem de crianças e adolescentes?

Compreendemos que o social é fonte, no qual por meio das interações sociais, medeia-se a apropriação dos significados que permeiam o sentir, pensar e agir entre os sujeitos (FREIRE, 1996; DELARI JR., 2000). É o coletivo que oportuniza espaços de cooperação de modo a produzir condições materiais que tornam possíveis que sejam experimentados diversos lugares e papéis por meio do diálogo, do confronto, do refletir, do imaginar e da negociação de significados comuns. No exercício de me distanciar do que penso e sinto, aproximar-me do que o outro sente e pensa, assim, acessando não só as palavras, mas os motivos, os afetos e as necessidades, a um só tempo, temos consciência de nós e do outro, ao nos assemelharmos e diferenciarmos dele (DELARI JR., 2000; FREIRE, 1996). Portanto, a atividade coletiva viabiliza ao humano forças na busca do bem comum, bem como aclarar as relações vividas e suas determinações históricas.

Segundo Dugnani e Souza (2016), o coletivo pode ser entendido como sendo um espaço comum no qual um grupo de valores e objetivos são partilhados entres seus integrantes. Com isso, o coletivo se estabelece como grupo de vínculos e relações entre os pares que cooperam entre si buscando mutuamente interesses que convergem o pessoal e o social de modo dialético, definindo assim a identidade grupal em que se compartilham interesses, motivos, necessidades e valores de modo a direcionar a atuação e esforços de seus membros ao lidar e enfrentar os conflitos oriundos das demandas internas e externas (MARTÍN-BARÓ, 1989) em dado contexto. Assim, o sujeito e o coletivo ao compreenderem que a realidade pode ser mudada, recriada, transformada se mobilizam a modificá-la (FREIRE, 1980).

Ao sentir-se e perceber-se como parte do grupo, o sujeito se compromete, se envolve e se abre para o diferente, viabilizando aos pares espaços de fala e escuta e, por meio da argumentação e negociação, estabelece-se, dessa forma, um significado comum em que se apoiam para a superação dos desafios com que se defrontam (MARTÍN-BARÓ, 1989). É também reconhecendo a importância das interações humanas que consideramos a necessidade de que o psicólogo invista em ações que favoreçam a criação e o fortalecimento dos vínculos entre os sujeitos, visto que a escola trata-se de um lugar eminentemente coletivo, cuja riqueza expressa-se na multiplicidade e diversidade que comporta. Daí a importância de se construírem parcerias que superem os modos individuais e competitivos que aparecem nas relações entre os diferentes atores escolares.

Em síntese, a consciência e o coletivo se retroalimentam e se manifestam na relação, e não à priori. A consciência não é um conteúdo abandonado em si mesma, ela é vital e vincula-se ao vivido, ao concreto, às condições materiais que acessamos e que, a um só tempo, se constitui via unidade coletivo/individual. Nessa direção, compreendemos que essa unidade dialética pode ser favorecida pela parceria, modelo de atuação que sustenta nossas ações na escola e pela qual nos lançamos no movimento de busca por transformação das relações escolares, conforme discorreremos mais detalhadamente a seguir.

O papel da parceria na promoção de consciência e fortalecimento do coletivo

Nosso grupo de pesquisa, ao longo de mais de dez anos de atuação em contextos educativos, vem apostando na parceria como modelo de trabalho junto aos diferentes integrantes das instituições educacionais, nas quais nos inserimos. Oliveira (2018) propõe que a parceria é uma construção permanente, que é um processo lento e demanda tempo com os educadores, podendo ser ampliada intencionalmente por meio de estratégias que favoreçam a transformação das significações que permeiam as relações entre os psicólogos e professores. Para a pesquisadora, o desenvolvimento de interação entre esses profissionais os impacta colocando em movimento conflitos e tensões que permitem vivenciarem conjuntamente os desafios presentes no contexto escolar e oferece condições para que juntos busquem a superação, reconfigurem e ressignifiquem a própria atuação, as relações escolares e as percepções sobre si mesmos.

Nesse sentido, a parceria se apresenta como potencializadora no estabelecimento do coletivo, haja vista que ela se caracteriza por relações que promovem o drama e evidenciam as contradições do pensar, sentir e agir no contato com o outro. Balizada pelo tensionamento das interações que, a um só tempo, acolhe e confronta as expectativas, crenças e princípios que operam nos modos como os sujeitos convivem entre si na escola. É em meio ao choque existente entre as características pessoais, concepções e opiniões de cada um dos professores e do(s) psicólogo(s), que a parceria instaura o diálogo como via primordial para o avanço das ações psicológicas e sua construção, que se faz **na** e **com** a escola, **entre** e **com** os sujeitos.

Portanto, a parceria ao se revelar como movimento dialético e favorecedora de reflexão, de questionamentos pela via do diálogo, possibilita reconhecer no outro alguém que contribui e amplia o modo de compreender e significar a prática, seja ela pedagógica ou psicológica. Segundo Martin-Baró (1989), o coletivo abre espaços para a cooperação produzindo condições materiais que corroboram a vivência e experimentação de diversos lugares e papéis, do confronto e da reflexão.

Considerando isso, compreendemos a necessidade de emergirmos no contexto educativo e participarmos junto aos sujeitos as dificuldades e possibilidades que se apresentam no cotidiano de sua realidade.

Por essa razão, na busca pela construção da parceria atuamos, especialmente com os docentes, em duas frentes: a primeira, refere-se a parcerias estabelecidas na sala de aula e, a segunda, concerne em parcerias que decorrem nos espaços de Formação Continuada denominados de Aula de Trabalho Pedagógico Coletivo (ATPC).

Na sala de aula, observamos que, muitas vezes, os professores aceitam nossa presença acreditando que iremos trabalhar com os alunos que apresentam algum tipo de "problema" de aprendizagem ou comportamental, ou ainda, que nos momentos em que estamos ali, podem tirar uma "folga", visto que há outro profissional naquele espaço. Fica evidente que não conhecem as possibilidades de nosso trabalho, compreendido em alguns momentos como "julgamento", "avaliação" ou "ameaça" a eles. Nós, por outro lado, também entramos com expectativas e concepções acerca do que seria uma educação pública de qualidade, considerações a respeito do papel dos professores, dentre outras coisas, que nos fazem, em alguns momentos, interpretar os comportamentos dos docentes como "resistência".

Considerando isso, é que nos lançamos no movimento de reflexão permanente sobre nossas ações, os modos como elas impactam os sujeitos e também como somos afetados pelos demais atores escolares nas interações que empreendemos. É nessa perspectiva que procuramos conquistar a confiança dos educadores, por meio de diálogos abertos, do respeito a seu trabalho, com clareza da intencionalidade de nossas atividades, a fim de que conjuntamente possamos vivenciar os conflitos e tensões, concebendo-os como formas de crescimento profissional e desenvolvimento humano.

Ao experimentar a relação em sala de aula, pautando-se no respeito, na reflexão, no enfrentamento das dificuldades e desafios, no reconhecimento das contribuições que o outro pode oferecer, ampliam-se as possibilidades de sentir, pensar e agir dos educadores e também dos psicólogos, como demonstram os relatos que apresentamos abaixo:

> Eu aprendi a falar com jeito, porque eu era muito bruto nesse sentido [...] fui mudando essa maneira de falar, esse jeito de cobrar, porque eu cobrava de maneira errada e eu aprendi a cobrar de outra forma, mais suave [...] essa parceria com os psicólogos dentro da sala de aula, me ajuda a ter essa estrutura, a forma de se relacionar com aluno, a

forma de se relacionar com as situações ocorridas dentro da sala de aula [...] (Professor 1 – entrevista individual em que se discutiu sobre a relação de parceria que estabeleceram com as psicólogas do grupo PROSPED na sala de aula e na escola).

em diversos momentos em que eu estava trabalhando com os alunos, em que eles [professores] participavam com suas falas, eles conseguiam deixar mais simples o que eu falava, então isso fez com que eu começasse a pensar em modos de conversar com os alunos que não fosse tão distante deles, por exemplo... palavras para usar, modos de falar (Psicóloga 2 – entrevista individual em que se discutiu sobre a relação de parceria estabelecida com os professores na sala de aula).

As narrativas, acima, exemplificam a importância da parceria como "espaço" em que ambos profissionais têm para ver no outro uma nova possibilidade de ação, de pensar e sentir. Em um processo dinâmico e dialético de reconhecimento dos diferentes saberes, confronto da própria prática e ampliação do fazer.

Já nos espaços de Formação Continuada, verificamos que a parceria possibilita aos professores e psicólogos reflexões sobre as práticas educativas e psicológicas, como também favorece a abertura de espaços de fala e escuta, de compartilhamento de experiências, ideias e opiniões potentes para a ressignificação do vivido e sentido nas relações escolares e o outro, que, muitas vezes, é tido como alguém com quem devo competir ou que me anula pode passar a ser entendido como pessoa diferente de mim que contribui para a realização de meu trabalho, o que favorece a criação e o fortalecimento do coletivo. Podemos observar esse movimento nas falas que se seguem:

Então, o dia que tem ATPC com vocês a reflexão é mais intensa, as discussões são legais, porque a gente acaba... mesmo aqueles que não concordam; aqueles professores... né? Eles acabam participando, eles acabam refletindo sobre o não concordar deles. Eles têm o direito de não concordar, mas eles param para ouvir, já é um ganho (Professor 1 – entrevista individual em que se discutiu sobre a relação de parceria que estabeleceram com as psicólogas do grupo PROSPED na sala de aula e na escola).

acho que num primeiro momento eles, não todos, mas uma boa parte, a maioria, na verdade, aderiram ao meu trabalho muito mais, porque era um espaço em que poderiam falar, falar e falar, falar sem necessariamente um compromisso de refletir, entende? Só falar, colocar para fora e, num segundo momento [...] eu consegui perceber que eu amadureci, foi quando tive um salto no meu projeto, pois professores começaram a perceber que de fato eu poderia contribuir com eles [...] entendiam que eu estava ali muito mais para falar de relação deles com os alunos e com os conflitos escolares (Psicóloga 1 – entrevista individual em que se discutiu sobre a relação de parceria estabelecida com os professores na sala de aula).

Em ambas as falas, tanto do professor quanto da psicóloga, evidencia-se a importância da relação que proporciona o confronto e ao mesmo tempo acolhe, característica da parceria, necessária para o fortalecimento do coletivo que se estabelece cotidianamente no processo de questionamento, de reflexão, de negociação de significados e compartilhar metas e objetivos que visem à superação dos desafios e conflitos vividos na e pela escola.

Viver, portanto, a relação de parceria modifica as formas de agir (seus saberes e fazeres) tanto dos professores como dos psicólogos, ampliando as possibilidades de relação que estabelecem entre si, com a prática, com o contexto educativo e consigo mesmos enquanto profissionais.

Uma vez que a parceria se evidencia como terreno fértil para a constituição do coletivo, as relações são favoráveis à ampliação da consciência. Ou seja, o ato de se olhar, se perceber e se questionar não é ameaçador, mas potencializador para avançarmos no modo de exercer nossa profissão, realizar nossas práticas e irmos para além delas. Vejamos os trechos abaixo:

Vocês me acrescentaram em método, gente... muito. Nossa, muito, muito, muito! Foi muito bom, tanto é que algumas coisas eu aplico por fora agora [...] Em termos de

prática, foi compreender... que alguns métodos que vocês trazem eu poderia reproduzir e que, de repente, quando a minha prática não estivesse dando certo eu teria mais uma opção, entendeu? (Professor 7 – entrevista individual em que se discutiu sobre a relação de parceria que estabeleceram com as psicólogas do grupo PROSPED na sala de aula e na escola).
[...] me mostraram um outro caminho também, não era só aquele caminho que eu estava pensando, mas eles me propunham outros caminhos [...] às vezes, a gente chega com uma ideia de atividade que não cola muito [...] eu acho que essas contribuições que eles me deram foi no sentido de me apresentar outras possibilidades, de me apresentar outros olhares, outros olhares para os alunos, outros olhares para as materialidades [...] (Psicóloga 1 – entrevista individual em que se discutiu sobre a relação de parceria estabelecida com os professores na sala de aula).

As narrativas, acima, evidenciam a abertura de ambos os profissionais para o outro e que, a nosso ver, não se vincula apenas a um processo individual, mas na relação vivida pelos profissionais na qual há parceria, há metas e objetivos comuns. É a integração da unidade sujeito/social que viabiliza ser afetados e afetar de modo a promover transformação no pensar, sentir e agir no singular e no coletivo.

O exposto até aqui nos ajuda a evidenciar o papel desempenhado pela parceria, uma vez que ela se constitui como promotora de outros modos de relações dos sujeitos sobre si mesmos, sobre os outros e a realidade que toma parte, e, principalmente, implica transformações sobre os significados e sentidos das práticas que realizam, o que, a nosso ver, favorece o desenvolvimento conjunto de práticas educativas críticas. Essa forma de relação é fonte para a ampliação da percepção e significação da realidade na qual nos inserimos, bem como sobre a clareza do que é possível e realizável, por nós e pelo outro. O que corrobora, de acordo com Freire (1980), para o imbricamento entre sujeito e coletivo na transformação do contexto vivido, no enfrentamento dos conflitos e na proposição de novos modos de lidar com a realidade.

Considerações finais

A consciência tem por base o social e, assim, entendemos que a parceria não só viabiliza o coletivo como também impacta os modos como percebemos, sentimos e agimos nas diferentes relações que estabelecemos. Compreendemos, com isso, que é inevitável o fato de que nestas haverá inúmeros conflitos e tensões, inerentes à condição humana de sujeitos que se transformam, se modificam, são diferentes entre si.

Nesse sentido, pautamo-nos no entendimento de Vygotsky (2010), que nos fala que o desenvolvimento humano é revolução, sendo essa tensão permanente presentificada e objetivada no devir do homem em direção à cultura. Logo, o traço característico desse movimento dialético que configura a vida humana é o **drama**.

Viver o drama oportuniza aos sujeitos agirem, sentirem, interagirem e experimentarem novas possibilidades, apropriarem-se de outros saberes que ampliam a leitura da realidade que os cercam, quando as condições são favorecedoras. É, por essa razão, que acreditamos ser a parceria promotora do surgimento de dramas, pela via do confronto, do questionamento e, ao mesmo tempo, pela abertura de diálogos, reflexões e cooperação entre as pessoas, favorecendo experimentar as relações na escola de novos modos. Portanto, a parceria, a nosso ver, possui papel importante na construção do coletivo, já que a comunicação e reflexão são centrais e concomitantemente oportuniza a ampliação da consciência crítica.

Referências

CLOT, Y. (2006). Vygotsky: para além da psicologia cognitiva. *Pro-posições*, 17(2), pp. 19-30.

_____. (2014). Vygotsky: a consciência como relação. *Psicologia & Sociedade*, 26(2), pp. 124-139.

DELARI JUNIOR, A. (2000) Consciência e linguagem em Vigotski: aproximações ao debate sobre a subjetividade. (Dissertação de Mestrado) Universidade Estadual de Campinas – UNICAMP. Recuperado de <http://bdtd.ibict.br/vufind/Record/CAMP_83754fdb6e1ec40b-41db1568308701ac>.

_____. (2013). Princípios éticos em Vigotski: perspectivas para a Psicologia e a Educação. *Nuances: estudos sobre Educação*, 24(1), pp. 45-63.

DUGNANI, L. A. C. & SOUZA, V. L. T. (2016). Psicologia e gestores escolares: mediações estéticas e semióticas promovendo ações coletivas. *Estudos de Psicologia (Campinas)*, 33(2), pp. 247-259.

ESPINOSA, B. (2009). *Ética*. (T. Tadeu, Trad.). Belo Horizonte: Autêntica Editora.

FRIEDRICH, J. (2012). *Lev Vigotski: mediação, aprendizagem e desenvolvimento: uma leitura filosófica e epistemológica* (A. R. Machado e E. Lousada, Trad.). Campinas: Mercado de Letras.

FREIRE, P. (1980). *Conscientização: teoria e prática da libertação – uma introdução ao pensamento de Paulo Freire*, 3a. ed. São Paulo: Cortez & Moraes.

_____. (1996). *Pedagogia da autonomia: saberes necessários à prática educativa*. Rio de Janeiro: Paz e Terra.

MARTÍN-BARÓ, I. (1989). *Sistema, grupo y poder*. (Colección Textos Universitarios, 10). Psicología social desde Centroamérica II. San Salvador: UCA Ed.

_____. (1996). O papel do Psicólogo. *Estudos de Psicologia (Natal)*, 2(1), pp. 7-27.

OLIVEIRA, B. C. (2018). *Psicólogos escolares e professores: a parceria como mediação de práticas educativas críticas*. Dissertação (Mestrado em Psicologia) – Pontifícia Universidade Católica de Campinas – PUC Campinas.

SOUZA, V. L. T. (2016). Contribuições da Psicologia à compreensão do desenvolvimento e de aprendizagem. In: Souza, V. L. T.; Petroni, A. P. & Andrada, P. C. (orgs.). *A psicologia de arte e a promoção do desenvolvimento e de aprendizagem*, pp. 11-28. São Paulo: Loyola.

SOUZA, V. L. T. et al. (2014). O psicólogo na escola e com a escola: a parceria como forma de atuação promotora de mudanças. In: Guzzo, R. S. L. (org.). *Psicologia Escolar: desafios e bastidores na educação pública*, pp. 27-54. Campinas: Alínea.

SOUZA, V. L. T; PETRONI, A. P.; & DUGNANI, L. A. C. (2011). A arte como mediação nas pesquisas e intervenção em psicologia escolar. In: Guzzo, R. L. S.; & Marinho-Araújo, C. M. (orgs.). *Psicologia Es-*

colar: identificando e superando barreiras, pp. 261-285. Campinas: Alínea.

VYGOTSKY, L. S. (2001). *A Construção do Pensamento e da Linguagem*. São Paulo: Martins Fontes (Texto original publicado em 1934).

_____. (2004) *Psicologia pedagógica*. São Paulo: Martins Fontes (Texto original publicado em 1927).

_____. (2007). *A Formação Social da Mente: o desenvolvimento dos processos psicológicos superiores*. São Paulo: Martins Fontes (Texto original publicado em 1939).

_____. (1999). *Psicologia da Arte*. São Paulo: Martins Fontes (Texto original publicado em 1925).

_____. (1999). *Teoria e Método em Psicologia*. São Paulo: Martins Fontes (Texto original publicado em 1927).

_____. (2010). Quarta aula: a questão do meio na pedologia. (Vinha, M. P. & Welcman, M., Trad.). *Psicologia USP*, 21(4), pp. 681-701.

_____. (1995). Analisis de las funciones psíquicas superiores. *Obras escogidas. Tomo III*. Madrid: Visor Distribuiciones, S. A. (Texto original publicado em 1931).

_____. (1991). El significado histórico de lacrisis de la psicologia. *Obras escogidas. Tomo I*. Madrid: Visor Distribuiciones, S. A. (Texto original publicado em 1927).

_____. (2000). Historia del desarrollo de las funciones psíquicas superiores. *Obras escogidas. Tomo III*. Madrid: Visor Distribuiciones, S.A. (Texto original publicado em 1931).

Edições Loyola

editoração impressão acabamento
Rua 1822 n° 341 – Ipiranga
04216-000 São Paulo, SP
T 55 11 3385 8500/8501, 2063 4275
www.loyola.com.br